보수주의자의
삶과 죽음

보수주의자의
삶과 죽음

우리가 몰랐던 한국 역사 속 참된 보수주의자들

ⓒ 김도훈 민희수 양택관 오제연 윤상현 홍영의

초판 1쇄 펴낸날 2010년 7월 27일

지은이 | 김도훈 민희수 양택관 오제연 윤상현 홍영의
펴낸이 | 이건복
펴낸곳 | 도서출판동녘

전무 | 정락윤
편집 | 이상희 김옥현 구형민 김영아 이다희 윤현아 이슬기
책임편집 | 이정미 박재영
미술 | 김은영
영업 | 이상현
관리 | 서숙희 장하나

디자인 | DesignBoom
인쇄·제본 | 영신사
라미네이팅 | 북웨어
종이 | 한서지업사

등록 | 제311 1980-01호 1980년 3월 25일
주소 | (413-756) 경기도 파주시 교하읍 문발리 파주출판도시 532-5
전화 | 영업 (031)955-3000 편집 (031)955-3005
전송 | (031)955-3009
블로그 | www.dongnyok.com
전자우편 | editor@dongnyok.com

ISBN 978-89-7297-628-8 04900
    978-89-7297-536-6 (세트)

* 잘못 만들어진 책은 바꿔 드립니다.
* 책값은 뒤표지에 쓰여 있습니다.
* 책에 실린 모든 자료의 저작권 문제를 해결하려고 노력을 다했습니다. 혹시 누락된 것이 있을 경우 알려주시면 해당 저작권자와 적법한 계약을 맺겠습니다.
* 이 도서의 국립중앙도서관 출판시도서목록(CIP)은 e-CIP 홈페이지(http://www.nl.go.kr/ecip)에서 이용하실 수 있습니다. (CIP제어번호: CIP2010002577)

사람으로 읽는
한국사
05

보수주의자의
삶과 죽음

우리가 몰랐던 한국 역사 속
참된 보수주의자들

사람으로 읽는 한국사 기획위원회 펴냄

동녘

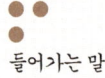
들어가는 말

우리 역사에도 참된 보수주의자가 있는가?

이 시대가 원하는 보수의 길은 무엇인가

새로운 변화를 꿈꾸는 우리는 역사의 발전을 믿는다. 그런데 그 믿음은 역사가 항상 옳은 방향으로 가고 있다는 확고한 신념이 앞서야 한다. 그러나 때로는 그 신념이 발휘되지 못할 때가 있다. 계급적 처지가 반영되고, 이데올로기가 서로 대립될 때는 더욱 그렇다. 보수와 진보라는 대립 각의 날이 설 때면 긴장의 강도가 더 세다. 누가 승리하느냐에 따라 역사를 움직이는 축이 달라지기 때문이다. 그것이 짧든 길든 간에 역사는 어디로 가는가, 제대로 가고 있는가, 후퇴하고 있는가를 수없이 반문해야 한다. 오늘날 민주화의 진전이 있어 왔다지만 아직도 곳곳에 비민주적이고 반민주적인 일들이 있는 것으로 보아, 역사는 아직 덜 진전된 것 같다. 시간이라는 도도한 역사의 발전 앞에서 이런 양상은 하나의 티끌에 지나지 않지만, 그러나 역사는 그 티끌도 소홀히 하지 않는다.

역사의 발전 앞에서 당당히 살고자 한 사람들, 우리는 이 사람들에게 진보냐, 보수냐 하는 이중적 잣대를 들이대지 않아야 한다. 그러나 현실은 냉혹하다. 우리는 아직도 구태의연하게 네편, 내편 식의 줄세우기를 강요한다. 역사를 당당히 살다간 사람에게 사실 보수냐 진보냐 하는 것은 중요한 것이 아니다. 단지 자신과 생각이 맞지 않다거나, 행동방략이 같지 않다고 해서 서로를 적으로 생각하지는 않았다. 오히려 서로 상통(相通)한 경우가 많았다.

오늘날 현실은 우리의 생각과 행동이 '진보'와 '보수'라는 이름 아래서 희비가 엇갈리기 쉽다. 이념적 색채와 함께 파당(派黨)을 일삼는 싸움꾼들 덕분에 어느 하나를 선택해야 하는 그릇된 망령이 도처에 자리한다. 이렇게 구분하지 않고도 살아갈 수 있는 시골 순박한 민초의 생각마저도 이해관계를 따져야 할 정도로 우리는 그런 구분 앞에서 자유롭지 못하다.

사실 진보주의자나 보수주의자라고 불리는 사람들은 자신들이 정말 그런 부류에 속하는지 정확히 인식하지 못한다. 설사 알고 있다고 해도 자신이 표방한 것이 아니라 상대편에서 그렇게 갈라놓은 경우가 많기 때문이다. 사전에서 진보주의(進步主義)는 개혁을 통해 발전을 꾀하는 것이며, 보수주의(保守主義)는 현재의 상태를 그대로 유지하기 위해 전통·역사·관습·사회조직 따위를 굳게 지키려는 것을 뜻한다. 이 뜻 역시 오늘날 우리 사회에서는 사전상의 뜻일 뿐 그다지 명쾌한 해석이라고 할 수 없다.

진보가 무엇이며 보수가 무엇인가. 원론적으로 답하면 그것은 그들의 이데올로기와 관련된 내용이겠지만, 사실 사람들의 답을 살펴보면 진보가 무엇이어야 하는지, 보수가 무엇이어야 하는지를 두고 결국 자신의 희망을 피력하고 있을 뿐이다. 당연히 희망은 사람마다 다를 수밖에 없다. 희망의 다름 즉, 다양성을 가진 사람이나 집단을 한쪽으로 몰아붙이는 건 곤란하다. 자주 언급되는 진보, 혁신, 개혁, 좌익, 보수, 수구, 우익, 극우라는 이 단어들은 사실 우리의 용어가 아니다. 그러다 보니 그 개념이나 용도조차 잘 모르고 사용하는 일이 대부분이다.

《보수주의자의 삶과 죽음》으로 엮은 이 책에서는 여섯 인물의 행동과 사상을 다루고 있다. 박정희와 날선 대립을 보인 장준하, 이승만 정권과 타협하지 않은 김병로, 가산을 모두 바쳐 독립운동에 헌신한 이회영, 대한제국의 쇠락을 보며 조선의 선비로서의 소명을 다하기 위해 죽어간 황현, 선비와 농민과 노비가 자신의 직분에 충실하게 살아가는 사회를 꿈꾼 실학의 비조(鼻祖) 유형원, '구국의 영웅'인 동시에 '망국의 책임자'로 인식된 최영의 행적을 통해 이 시대가 원하는 보수의 길이 무엇인지를 말하려 한다.

오늘날 한국의 보수주의자들은 어떠한가? 권력과 재물 앞에서는 너그럽고 자유와 인권 앞에서는 경직되어 있지 않은가? 과거 일제와 독재정권에 협력했고 오늘날에도 앞에서는 국익을 부르짖으면서 뒤로는 국방의 의무마저 회피하고 있지 않은가? 생각이 다른 사람들과 대화하기보다 '빨갱이', '친북좌파'로 몰아 마녀사냥 하는 데 익숙하지 않은가? 그러면서도 성찰과 책임 없이 자기 합리화와 기득권을 유지하는 데만 골몰하는 한국의 보수주의자들. 이것이 오늘날 대한민국에서 노블레스 오블리주를 찾기 어렵고, '건전 보수'라는 단어가 형용모순이 되는 까닭이다.

여기 장준하·김병로·이회영·황현·유형원·최영 여섯 인물은 그런 면에서 자기 시대를 지키며 살아간 사람들이다. 비록 시대를 달리 하지만, 그들의 생각과 실천이 불의와 타협하지 않았다는 점에서, 나보다는 모두를 위해 행동했다는 점에서, 신념을 저버리지 않고 온몸으로 저항하며 비굴하게 살아가지 않았다는 점에서 이들을 '진정한 보수주의자'라고 칭하는 것은 당연하다 할 수 있다. 선택의 순간에, 누군가가 먼저 걸어가야 한다면 가장 먼저 앞장서 나간 이들이기에 지금 우리는 이 사람들을 통해 진정한 보수의 양심이 무엇인지 알 수 있게 될 것이다.

한국의 '노블레스 오블리주'를 찾다

장준하 편에서는 죽음을 걸고까지 지키려고 한 장준하의 사상에 집중하고 있다. 장준하는 우리 현대사를 이야기하면서 빼놓을 수 없는 인물이다. 일제시대에는 이십대의 젊은 나이로 강제징집에 학병으로 끌려갔다가 탈출한 뒤 광복군에 참여해 항일 독립운동을 했고, 자유당 때에는 《사상계》를 창간해 민주주의와 통일에 대한 여망을 일깨웠다.

군사독재 시절에는 붓을 꺾고 거리에 나가 반독재 민주화 투쟁의 선봉에 섰다가 몇 차례 투옥되어 장기간 옥고를 겪었지만 그래도 의지를 꺾지 않고 끝까지 투쟁했다. 하지만 권력은 끝내 그를 의문사라는 이름으로 해치웠다. 그때 장준하의 나이는 57세였다. 이 글에서는 식민지 시기 우익 민족주의의 영향을 받아 해방 이후 그 이상을 지키고 실현하기 위해 부단히 노력한 대표적 인물로, 이승만 정권기에는 독재의 감시자로, 박정희 정권기에는 독재의 비판자로서 활동한 장준하의 모습을 통해 우리 현대사를 조망할 수 있다.

김병로 편에서는 한국의 법 정신을 세운 초대 대법원장 김병로의 행적을 다룬다. 김병로는 일제 치하에서 무료변론을 통해 민족주의적 변호사로 활동했고, 미군정에서는 사법부장관을 지냈고, 반공을 국시로 하는 이승만 정권 때에는 초대 대법원장으로 사법부의 기초를 닦은 사람이다. 철저한 반공주의 신념에도 불구하고 국가보안법 폐지와 형법 대체를 주장한 김병로는 '살아 있는 법전'이라는 별명과 함께 법조인들에게 청렴 정신과 법 정의를 실천한 선구자로 남아 있다. 1957년 정년퇴직 이임사에서 "그동안 내가 가장 가슴 아프게 생각한 것은 전국의 법원 직원들에게 지나치도록 무리한 요구를 한 일이다. 인권 옹호를 위해 사건 처리의 신속을 강조했던 점, 또 살아갈 수 없을 정도의 보수를 받고도 법만을 위해 살라고 했던 점이다. 나는 전 사법종사자들에게 정의를 위하다가 굶어죽으면 그것을 곧 영광으로 알라고 했다. 그것은 부정을 범하는 것보다는 수만 배 명예롭기 때문이다"라며, 청렴한 삶과 강직한 책임감, 그리고 이것을 바탕으로 한 권위를 실천한 김병로. 우리는 '국민은 악법의 폐지를 요구할 권리가 있다'며, 법의 정신을 일깨우며 명예의 가치를 남긴 인물 김병로를 통해 한국 보수주의의 전형을 찾게 될 것이다.

이회영 편에서는 만주에서 군사학교를 세워 조직적인 항일무장투쟁을 실시한 선구자였고, 한국 무정부주의운동의 원조인 이회영을 추적했다. 아나키스트로 활동을 하다 1932년 일본 경찰에 체포돼 옥사한 이회영뿐 아니라 집안 구성원 모두가 독립운동에 투신하기 위해 한평생 호의호식할 수 있는 재산을 모두 처분하고 죽을 때까지 가난과 생명의 위협, 희생을 겪으며 고단한 독립운동의 길을 간 모습은 오늘날까지 우리에게 많은 점을 시사한다.

일찌감치 개화와 민족운동에 뛰어든 이회영은 나라가 없어지자 왜적 치하에서 구차하게 생명을 도모할 수 없다며 만주로 활동무대를 옮기기로 결심했다. 둘째 석영은 재산 2만 섬을 처분해 이주 자금을 댔고 과거에 급제해 평안도 관찰사, 한성재판소장을 지낸 다섯째 시영을 비롯해 다른 형제들도 기꺼이 따랐다. 이회영 형제들은 이상룡, 이동녕과 함께 1911년 만주 이주 한인의 정착과 단결을 이끈 조직 경학사와 신흥강습소를 세워, 독립군 3000여 명을 배출해 독립운동사에 빛나는 봉오동전투와 청산리전투 핵심전력을 길러냈다. 대대로 높은 벼슬을 한 명문가의 여섯 형제와 전 가족 50여 명이 겪은 수난과 희생은 다 말할 수 없었다. 함께 떠난 여섯 형제 중 해방 후 살아 돌아온 사람은 오직 이시영뿐이었다. 이처럼 가문의 대가 끊기고 집안이 쑥대밭이 될 정도로 한 가문 전체가 독립운동에 헌신한 것은 '내 것을 버리고 모두를 구하려'는 전통 명가의 선비정신에서 비롯된 것이었다. 이것은 곧 '노블레스 오블리주'의 의미를 분명하게 해 줄 것이다.

황현 편에서는 구한말의 3대 시인인 황현이 "글 아는 사람 구실 하기 어렵구나(難作人間識字人)"라며 죽음을 택한 이유를 밝히고 있다. 황현은 1888년(고종 25) 생원회시에 장원급제했으나 조정의 부패를 개탄하고 귀향해, 시문 짓기와 역사 연구·경세학 공부에 열중하던 중 1905년에 을사늑약이 체결되고, 1910년 이른바 '경술국치(庚戌國恥)' 의 소식을 듣자, 식음을 전폐한 채 언저리를 정리한 다음, 유서와 절명시 네 수를 남기고 자결한 지방의 선비였다. "내가 가히 죽어 의를 지켜야 할 까닭은 없으나, 다만 국가에서 선비를 키워온 지 500년에 나라가 망하는 날을 당하여 한 사람도 책임을 지고 죽는 사람이 없다. 어찌 가슴이 아프지 아니한가?"라며, '선비로서 소명'을 다하기 위해, 그리고 '황천에서 받은 올바른 마음씨와 평생 읽던 좋은 글들에서 깨우친 가치들'을 져버리지 않기 위해서 목숨을 버린 조선의 마지막 선비 황현은 '매천필하무완인(梅泉筆下無完人)', 즉 매천의 붓 아래에 완전한 사람이 없다는 말이 남을 정도로 적도 아군도 없이, 오로지 자신이 판단하는 원칙에 부합하느냐 그렇지 않으냐만으로 사람과 세상을 비판했다. '올바른 마음씨와 좋은 글에서 얻은 가르침'이라는 명분을 자결하는 이유로 밝히는 황현을 보면서 '선비'란 무엇이며, '올바른 마음씨와 좋은 글에서 얻은 가르침'의 내용은 어떠한 것인지 생각해 보게 된다.

매천 황현은 기본적으로 사회의 급격한 변화를 바라지 않는 보수주의적 입장을 가진 인물이었다. 매천은 "어진 이를 가까이하고, 간사한 무리를 멀리하며, 백성을 사랑하고, 재용을 절약하며, 신상필벌을 제대로 하는 것", 곧 시대가 흘러도 보편적으로 타당성을 인정받을 수 있는 가치를 지키려고 했다. 결국 이렇게 시대를 뛰어넘는 보편성을 지닌 내용과 덕목들로 이루어진 '본', 이것이 바로 매천이 생각한 '올바른 마음씨와 좋은 글에서 얻은 가르침' 이고, 동시에 그가 '충' 대신 이루고자 한 '인' 이기도 할 것이다. 명분을 중시하는 선비를 배출하는 토양으로서 500여 년간 존속한 조선왕조가 멸망하자, 관직을 역임한 적은 없지만, 책 읽고 글을 쓰는 선비, 당대를 풍미한 3대 시인 중 하나라는 이름의 무게만으로도 책임감을 느낀 것이다. 오늘날의 지식인과 학자들은 이런 황현의 모습을 보면서 무엇을 고민해야 하는가를 깨닫게 될 것이다.

유형원 편에서는 실학을 체계화해 실학의 비조로 일컬어지는 유형원의 개혁사상을 다루었다. 반계는 뛰어난 경륜에도 불구하고 평생 초야에 묻혀 지낸 인물이다. 벌족집안 출신으로 태생은 서울이지만 대부분을 부안군 보안면 우반동에서 보냈다. 그의 호 반계는 '우반동 계곡'에서 따온 것이다. 이곳 우반동에는 세종 때 우의정을 지낸 유형원의 9대조 유관의 사폐지지(賜弊之地)가 있었다.

유형원은 15세에 병자호란이 일어나자 가족과 함께 강원도·경기도 등으로 피난을 떠나야 했다. 또 당쟁으로 인해 참화를 입은 부친을 보고 벼슬길을 밀리했다. 32세에 부안에 내려온 반계는 52세로 세상을 뜰 때까지 1만여 권의 서적에 묻혀 학문 연구에 몰두했다. 그러면서도 틈을 내 세상 형편을 살폈다. 전국을 유람하며 민초들의 삶을 눈여겨봤고 한때는 서울에 올라가 나라를 유린한 청(淸)을 치기 위해 군민을 단련시키기도 했다.

이렇게 백성들을 위하는 마음과 학문적 성과가 널리 명성을 얻게 되면서 1665년(현종 6) 묘당의 추천으로 관직에 천거되었다. 그러나 유형원은 "내가 지금 재상들을 알지 못하는데 어찌 지금 재상들이 나를 안다고 하는가" 하면서 거부했다. 붕당 간 세력 다툼에 휩쓸려 있는 중앙 정치계를 떠나 농촌의 현실 속에서 '선비'로서 자기에게 맡겨진 임무를 다하기 위한 노력이었다. "하늘이 사민(四民)을 내어 각각 그 직분을 주었는데, 내가 조상의 덕으로 편안히 앉아 죽이나 얻어먹는다면 이는 천지 사이에 하나의 좀벌레일 뿐이다"라며, 자신이 목격한 농촌과 농민의 현실을 체득하면서 개혁을 했다. 유형원은 농민의 어려움을 해결하기 위해 농민들을 위한 각종 개혁안을 제시했지만, 제도적인 신분계층의 철폐를 시도하지는 못했다. 유형원은 선비와 농민과 노비라고 하는 신분계급이 자신의 직분에 충실하게 살아가는 사회를 구상했다. 그러나 그의 개혁안은 실현되지 못하고 있다가, 1741년(영조 17)에 승지 양득중이 상소해 《반계수록》으로 강할 것을 청하자 영조는 이 책을 즉시 올리라고 명했고 뒷날 영조는 유신 홍계희에게 명해 간행하도록 하고 다섯 군데 사고에 보관할 것을 명했다. 반계가 죽은 뒤 거의 1세기가 지난 이후의 일이었다. 그리고 정조대에 이르러 유형원의 각종 개혁안들은 실제 정사에 참고되었다.

최영 편에서는 공민왕대부터 우왕대에 이르는 시기에 군사적으로나 정치적으로 뛰어난 활동을 한 고려 말의 대표적인 무장으로 알려진 최영을 다룬다. '황금 보기를 돌 보는 것같이' 여기며 살다간 그가 "공은 이 나라를 덮었고 죄는 천하에 가득하다"며 양가적인 평가를 받은 이유는 무엇일까. 때로는 왜구와의 싸움에서 전설적일 만큼 혁혁한 무공으로 위태로운 국가를 구해내기도 했고, 공민왕과 우왕대에는 탁월한 정치 수단으로 중앙 정계에서 여러 요직을 두루 거치면서 정치 권력의 핵심에 머무르며, 일생 동안 전투에서 한 번도 패배한 적이 없는 야전군인 최영은 적어도 이성계가 중앙의 정치일선에 부각되기 전까지, 고려 백성들 사이에서 패배를 모르는 최고의 영웅이었다. 최영은 공적인 측면, 특히 전투의 승리를 위해서는 피도 눈물도 없을 만큼 철저했던 것으로 알려져 있다. 남달리 공과 사의 구분이 분명하고 원리원칙에 충실하려 했다는 점은 당시의 권문세족이나, 개혁파 사대부하고는 사뭇 다르게 이해된다. 그렇기 때문에 수많은 정치적 좌절과 영욕 속에서도 일반 백성들에게 오래도록 추앙받았을 것이다. 그러나 비록 '내가 탐욕하지 않았다면 내 무덤에서는 풀이 나지 않을 것'이라고 말할 정도로 뇌물과 청탁을 받지 않고 청렴을 지켰지만 정치적 목적 아래서 수많은 인물들을 제거하는 데 앞장섰기 때문에, 후일 온당한 평가를 받기에는 어려움이 뒤따랐을 것으로 보인다. 조선 건국에 참여한 사람들이 만든 '충역(忠逆)'의 논리에 따라 멸망한 고려의 마지막 충신으로 칭송받기보다, 오히려 망국의 책임자를 자처하면서 '황금을 돌같이' 여긴 청렴한 늙은 장수로 기억되기를 바랐기 때문에 최영은 오직 '구국의 영웅'으로만 각인되어 있는 듯하다.

새로 쓰는 한국 보수주의의 전형

지난 한 시대의 인물을 평가한다는 것은 매우 어려운 일이다. 시대적 상황과 개인이 처한 처지를 충분히 이해하지 않고서는 정당한 평가를 내리기 어렵기 때문이다. 다만 이 사람들을 평가하면서 굳게 믿는 것이 있다면, 역사의 발전은 그 시기와 매순간을 숨 쉬며 살아온 사람들의 의식이 반영되어 이루어진다는 것이다. 적어도 위의 여섯 인물은 그렇게 자신의 위치를 지키며 살아온 사람들이 분명하다. 선택의 칼날 앞에서 인과 의를 앞세우며 선비의 삶과 지식인의 행동, 그리고 장수로서의 의연함을 보여 주었다.

우리는 역사의 흐름 속에서 오랜 시간 동안 삶의 질을 높이려 애써 왔다. 이들이 살던 당시나 지금이나 사회 상황은 항상 혼란과 위기가 혼재하지만, 그럼에도 우리는 언제나 '사람이 희망'인 시대를 포기하지 않는다. 그때나 지금이나 '사람이 역사'가 되는 인과 의의 세상을 바라기 때문이다. 아마 그 사람들 역시 자신의 살던 시대를 '희망'했기 때문에 때로는 고민하고 좌절하면서 고군분투했을 것이다.

대립과 갈등을 넘어서 이념의 경직성에서 해방되고, 경제적 민주주의를 실현하고, 통일민족주의를 성장시키며, 지식인들이 도덕성을 갖고, 시민운동과 국가경영 방식이 제 자리를 잡는다면 우리의 미래, 우리의 역사는 희망적이다. 그러나 이 희망과 꿈을 실현하지 않는다면 역사도 미래도 없다. 부디 진정한 보수가 역사의 희망이 될 수 있기를 빌어본다.

집필자의 한 사람으로 서문을 쓰게 되었다. 여기에 등장하는 여섯 인물을 옹호하거나, 개별 필자들의 글 솜씨나 인식논리를 평가하려는 시도는 하지 않았다. 또 사실 여기에 열거된 사람들을 보수주의자다, 아니다 하는 판단을 내리는 것은 아직도 어렵게 느껴진다. 오로지 독자의 판단에 맡길 따름이다.

《보주주의자의 삶과 죽음》 여러 집필자를 대신하여, 홍영의

차례

들어가는 말
우리 역사에도 참된 보수주의자가 있는가? 4

1 장준하_근대 민족 국가를 향한 '야곱'의 길 19
식민지 기독교 민족주의자, 반공을 넘어서서 민주통일의 투사가 되다 :: 윤상현

무외의 목소리를 가진 청년 장준하 .....21 | 장준하, 어떤 민족주의인가? .....26 | 사상계, 반공의 뜻을 들고 문화운동을 이끌다 .....40 | 중립화 통일론에 반대하고 국토건설단에 온 힘을 쏟다 .....49 | 모든 통일은 선하다 .....58 | 근대 국가 형성의 돌베개가 되다 65

2 김병로_대한민국 초대 대법원장, 법 정신을 바로 세우다 69
민주주의 상식에 충실했던 민족주의자, 한국 보수주의의 모범이 되다 :: 오제연

국가보안법 폐지를 주장한 반공주의자 .....71 | 조선 왕조 명문가의 후예, 인권 변호사로 나서다 .....74 | 청렴할 자신이 없으면 법원을 떠나라 .....84 | 사법부 수장, 국부를 비판하다 — 이승만과의 충돌 .....92 | 국민은 악법의 폐지를 요구할 권리가 있다 101

3 이회영_ '삼한갑족'의 후예, 아나키스트가 되다 113
민족의 근심을 함께한 6형제, 항일무장투쟁을 선도하다 :: 김도훈

한국 '노블레스 오블리주'의 전형 .....115 | 망명 — 만주 지역 항일무장투쟁의 효시가 되다 .....118 | 민족의 자유를 위하여 — 아나키스트가 되다 .....128 | 계속된 항일운동, 암살 계획 그리고 체포 .....132 | 망명 생활 그리고 가족들 137

4 황현_망국에 대처하는 선비의 자세 151
정신 문명을 토대로 국가의 자존심을 생각하다 :: 민회수

유작이 된 절명시 .....153 | 구한말의 3대 시인 .....160 | 도깨비 나라의 미치광이들과는 어울리지 않겠다 .....164 | 조선 땅의 '보수주의자' 황현 .....169 | 매천필하무완인―매천의 붓 아래 완전한 사람은 없다 .....180 | 을사늑약의 충격과 호양학교의 설립 .....188 | 선비의 소명 191

5 유형원_조정을 등지고 개혁을 구상한 사대부 195
1만 권 책 속에 살며, 조선 왕조 지배층에 새로운 참고서를 저술하다 :: 양택관

궁벽한 시골에서 성리학적 사회를 세우다 .....197 | 과거를 포기하다 .....198 | 1만 권의 책 속에 살다 .....204 | 토지 제도 개혁으로 나라의 살림을 계획하다 .....213 | 노비제, 호적 제도, 화폐 유통 정비―사후에 주목받은 반계의 개혁사상 223

6 최영_황금 보기를 돌같이 한 구국의 장수, 백성의 존경을 한몸에 받다 229
망국의 책임을 딛고 구국의 영웅으로 남다 :: 홍영의

황금보기를 돌같이 하라―부친의 유훈을 가슴에 새기다 .....231 | 타고난 무재를 세상에 선보이다 .....236 | 백성에게 폐를 끼치는 관리는 매질로 다스리다 .....243 | 그대와 함께 사방을 평정하기를 .....247 | 누구와 더불어 정치를 논할 것인가 .....251 | 공은 온 나라를 덮고 죄는 천하에 가득 .....255 | 내가 탐욕하지 않았다면 내 무덤에는 풀이 나지 않을 것이다 258

이 책 속의 사람들 261
이 책 속의 책들 266

1

장준하_근대 민족 국가를 향한 '아곱'의 길

식민지 기독교 민족주의자,
반공을 넘어서서 민주통일의 투사가 되다

모든 통일은 좋은가? 그렇다. 통일 이상의 지상 명령은 없다. 통일로 갈라진 민족이 하나가 되는 것이며, 그것이 민족사의 전진이라면 당연히 모든 가치 있는 것들은 그 속에 실현될 것이다. 공산주의는 물론 민주주의, 평등, 자유, 번영, 복지 이 모든 것에 이르기까지 통일과 대립하는 개념인 동안은 진정한 실체를 획득할 수 없다. 모든 진리, 모든 도덕, 모든 선이 통일과 대립하는 것일 때는 그것은 거짓 명분이지 진실이 아니다.

윤상현 : : 서울대학교 국사학과 강사

장준하
1918~1975

1918년생인 장준하는 평북 의주에서 태어나 삭주에서 자라고 1933년부터 평양 숭실중학교를 다니다가 전학, 1938년 신성중학교를 졸업할 때까지 평안도의 주요 도시들에서 성장했다. 특히 중학교를 다닌 평양과 선천은 모두 북장로교 계통의 미국 선교사들에 의해서 성공적으로 기독교 전파가 이루어진 곳이었다. 장준하가 다닌 숭실중학교와 신성중학교는 5년제 사립학교로서 각각 1897년과 1906년에 설립된 유서 깊은 기독교계 학교였다. 장준하는 바로 이 청소년기에 일생을 좌우할 신념과 조우하게 되는데 하나는 기독교 신앙이고 다른 하나는 민족주의였다.

장준하는 1944년 일본군학도병에 입대했다가 탈출해 중국군에 가담했으며 1945년 중국 중경에서 광복군 대위로 임관, 광복 투쟁에 나섰다. 그해 대한민국 임시정부 일원으로 입국해 김구 주석의 비서 등을 역임했고, 1952년 월간 《사상》, 이듬해 《사상계(思想界)》를 창간해 자유 민주 반독재 투쟁에 헌신했다.

1967년에는 서울 동대문 을구에서 옥중에 당선돼 제7대 신민당 소속 국회의원을 역임하기도 했다. 민주통일당 창당에 참여, 민주회복 개헌 청원 100만 인 서명운동을 주도하고 범민주세력의 통합에 힘쓰는 등 박정희 정권에 맞서다 1975년 8월 17일 경기 포천군 소재 약사봉에서 의문사했다.

무외의 목소리를 가진 청년 장준하

대통령 박정희 씨여! 나라의 이 몰골이 된 것을 언론인들에게까지 그 책임을 문습니까. 사실 당신에게 가혹한 채찍질을 가하지 못 한 책임은 져야지요. 그러나 당신은 그런 말할 자격이 없습니다. 여보시오. 접대부의 치맛자락 같은 붓 끝을 휘둘러가며 당신을 도와, 당신을 대통령으로 만든 것이 한국의 언론이 아니겠소. 고마운 줄이나 아시오! 대통령 박정희 씨여! 뭐 언론인이 어찌 한다구요. 당신이 지금 청화대에 앉아 있지 않고 셋방살이를 계속하고 있다고 합시다. 달마다 집세를 물어야 사랑스러운 식구들이 단잠을 잘 수 있다고 합시다. 또 '퍼스트 레이디'인 육여사께서 찬바구니를 끼고 반찬가게를 돌아다니며 콩나물 나부랑이 며르치부스러기 두부찌꺼기를 사 모으고 있다고 가정합시다. 또 부정한 부수입없이 육군 소장의 봉급만을 받고 있다고 합시다. 그래도 당신은 지금 같은 말을 할 수 있을까요.

그 청렴하다고 소문이 높던, 그 강직하다고 정평이 있던 그 육군 소장 박정희 씨라면 오늘의 이 사태를 정시하며 무엇을 할 수 있으리라고 생각해 본 일이 있는가요. 슬픕니다. 오늘에도 그때 당신 같은 용기를 가진 그런 사나이가 없음이…….

— 장준하, 〈전국 불안 선동 때문인가〉, 《조선일보》, 1964년 5월 26일

1964년 5월에는 잔인한 봄날이 이어지고 있었다. 5·16 쿠데타의 주역인 박정희가 내세운 '민족적 민주주의'의 장례식을 치른 대학생들에게 서울지법 판사가 영장 발부를 기각하자, 공수부대원 10여 명이 총기로 무장한 채 법원에 난입했다. 비난이 비등하자 박대통령은 현 정국의 불안이 일부 정치인과 언론의 선동, 정부의 지나친 관용에 있다는 요지의 발언을 했고, 이것을 두고 한 신문사가 '정국 불안이 선동 때문인가' 라는 지상 토론회를 열었다. 장준하는 위의 구두 연설문 같은 준열한 비판문을 보냈다. 사법부의 고유 권한이고 뭐고 없고, 박정희 각하를 모욕한 대학생들을 응징하지 않은 판사에 대해 총기로 무장한 공수부대원이 협박하는 상황에서 장준하는 '씨'자 붙여 가며 올챙이적을 생각해 보라는 연설을 대놓고 한 것이다.

장준하는 이미 1963년부터 유명한 연설가가 되어 있었다. 1966년 민중당의 '밀수규탄대회'에서 장준하는 "박정희란 사람은 우리나라 밀수 왕초", "존슨 대통령이 내한하는 것은 박정희 씨가 잘났다고 보러오는 것이 아니라 한국 청년의 피가 더 필요해서 오는 것이다"라는 연설을 하고 '국가 원수에 대한 모독죄' (나중에 이런 죄목이 형법에

부정한 정부를 경계하고 민중의 각성을 위해 연설대에 오른 장준하.

없다고 하여 국가보안법의 헌법상의 기관에 대한 명예훼손죄냐, 정치적이고 공적인 행위를 비판한 것이 과연 명예훼손이기는 하냐는 법률 논쟁을 불러일으키기도 했다)로 구속되었고, 이어 그가 오십칠 세의 나이에 등산로에서 시신으로 발견될 때까지 고난의 투옥생활이 이어졌다.

함석헌은 장준하를 두고 '무외(無畏)'의 목소리라고 표현할 정도였는데, 이런 모습은 장준하가 갓 스물다섯이 되던 청년기에도 발견된다.

"우리는 요즈음 이곳을 하루 빨리 떠나자고 말하고 있습니다. 나도 솔직히 말해 이곳을 떠나고 싶어졌습니다. 오히려 오지 않고 여러분들을 계속 존경할 수 있었다면 더 행복했을는지도 모를 일이었습니다."
모두의 얼굴이 내게로 화살처럼 꽂혀 들어왔다. 그 눈빛에 나는 잠시 말을 끊어야만 했다. 나의 입술이 잠시 경련을 일으켰기 때문이다. 나의 목소리는 더욱 낮아지고 처절해졌다. "가능하다면 이곳을 떠나 다시 일군에 들어가고 싶습니다. 이번에 일군에 들어간다면 꼭 일군 항공대에 지원하고 싶습니다. 일군 항공대에 들어간다면 중경폭격을 자원, 이 임정 청사에 폭탄을 던지고 싶습니다. 왜냐구요? 선생님들은 왜놈들에게서 받은 서러움을 다 잊으셨단 말씀입니까? 그 설욕의 뜻이 아직 불타고 있다면 어떻게 임정이 이렇게 네 당, 내 당하고 겨누고 있을 수가 있는 것입니까? (……) 분명히 우리가 이곳을 찾아온 것은 조국을 위한 죽음의 길을 선택하러 온 것이지, 결코 여러분들의 이용물이 되고자 해서 이를 악물고 헤매어 온 것은 아닌 것을 말합니다."

― 장준하, 《돌베개》, 1971년

1944년 목숨을 걸고 일본군 군대를 탈영해서, 제비도 넘지 못한다는 험준한 파촉령을 넘어 도착한 중경에서, 백발이 성성한 임정 요인들 앞에서 했던 당돌하기 짝이 없는 장준하의 연설이다. 독립운동의 본산으로 조선인들에게 추앙받던 중경 임시정부 요인들 앞이지만, 그 현실이 실은 파쟁과 자당(自黨)의 이해만을 추구하는 모습을 보고는 격분한 것이다. 그는 차라리 다시 일군이 되어 임정을 폭파하는 편이 낫겠다고 비판했다. 이것을 전해들은 친우 김준엽조차 "모두 장형의 뜻은 알지만 말이 너무 심했다고 생각"했을 정도였다.

이렇듯 비타협적이고 저항적으로, 죽음을 걸고서까지 지키려고 한 장준하의 사상은 무엇일까? 기존의 장준하에 관한 평전과 연구서들은 그의 행적들을 비교적 자세히 적고 있다. 그러나 행적만을 따라

1920년 상해에 도착한 이승만 임정 대통령 환영식 장면. 화환을 두른 사람이 이승만이고, 왼쪽은 국무총리 이동휘, 오른쪽은 노동국총판 안창호다.

공항에 도착한 임정 주석 김구와 광복군 총사령관 이청천.

광복군 시절의 장준하. 가운데가 김준엽이고 오른쪽이 장준하다.

가면, 광복군 출신의 이 저항적 민족주의자인 장준하가 왜 《사상계》에 대표적인 전향문인인 최남선을 기리는 특집을 싣고 이광수, 최남선을 기념하는 문화행사를 개최했는지 알 수 없다. 문서 자료가 거의 남아 있지 않지만 어린 시절 그에게 영향을 준 이념들을 추적해 그가 지키려고 한 사상이 무엇인지, 어떤 의미를 가지고 있는지 생각해 보자.

장준하, 어떤 민족주의인가?

심리학자들과 정신분석가들은 대체로 5세 이전에 한 인간의 성격이 결정된다고 말하는 반면, 정치적 신념의 형성과 관련해서는 13~19세

> 브나로드 운동
> 19세기 후반 러시아 젊은 지식인층 사이에서 전개된 농촌운동이다. 브나로드는 '민중 속으로'를 뜻하는 말인데, 독자적인 농민 자치 공동체를 기초로 자본주의 단계를 거치지 않고 사회주의로의 이행이 가능하다고 믿는 지식층이 민중을 계몽하기 위해 농촌으로 파고들었을 때 '브나로드'를 슬로건으로 내세웠다. 동아일보는 이 운동을 모델로 1931~1934까지 4회에 걸쳐 민중계몽운동을 실시했다.

까지의 청소년기를 가장 중요한 시기로 꼽는다. 그만큼 소년기의 경험이 정치적 성향을 결정하는 데 중요한 영향을 끼친다는 말일 것이다. 장준하는 바로 이 청소년기에 일생을 좌우할 신념과 조우하게 되는데 하나는 기독교 신앙이고 다른 하나는 민족주의였다.

1918년생인 장준하는 평북 의주에서 태어나 삭주에서 자라고 1933년부터 평양 숭실중학교를 다니다가 전학, 1938년 신성중학교를 졸업할 때까지 평안도의 주요 도시들에서 성장했다. 특히 중학교를 다닌 평양과 선천은 모두 북장로교 계통의 미국 선교사들에 의해서 성공적으로 기독교 전파가 이루어진 곳이었다. 이곳은 일찍이 홍경래 난의 공간적 배경이 되었을 만큼 조선시대 이래 한양에서 지역적으로 멀어 유학적 전통이나 관료직 진출에서 상당히 소외되었는데, 그런 영향으로 일찍이 기독교 전파가 성공적으로 이루어진 것이다. 장준하가 다닌 숭실중학교와 신성중학교는 5년제 사립학교로서 각각 1897년과 1906년에 설립된 유서 깊은 기독교계 학교였다. 학창시절 장준하는 본인의 앞날과 관련된 주목할 만한 두 개의 사건에 참가하게 된

브나로드 운동. 1932년 《동아일보》는 제2회 브나로드 운동을 5월부터 7월 29일 개시일까지 대대적으로 광고했다. '학생 총동원령'이라는 표현이 이채롭다.

다. 그 첫 번째 사건은 동아일보가 주최하는 브나로드 운동이다. 14세의 숭실중학교 1학년생 장준하는 1932년부터 동아일보가 주최한 이 농촌계몽운동에 참가했다가 1934년 우가키 총독의 '강습회 금지령'에 따라 그만둔 뒤의 감회를 이렇게 회고했다.

> 중학교 입학하자 내리 3년, 여름방학 때만 되면 저절로 신바람이 나서 그 브나로드 운동에 참가해 왔던 나도 잠시는 우울했지만 그러나 이때가 나의 일생을 기초 지어 준 아주 중요한 계기가 되었음을 나는 여기 밝혀 둔다. 이때부터 나는 신문을 높이 보게 되었으며 인연 깊은 나의 지도자적인 대상으로, 아니 당시 우리 온 겨레를 지도하고 있는 존재로

아주 믿어 버리게 되었다. 실로 이 무렵 나의 눈에 비친 우리나라는 비극의 나라였으며 칠흑장막과 같은 절망의 나라였었다. 이때의 모든 청년들은 거개가 이와 같은 비극과 절망 속에서 자포자기해 버리거나 아니면 겨우 일제에 붙어 호구책으로 입신출세의 길을 노리거나 하는 것뿐 다른 아무런 희망과 장래의 징조는 보이지 않았다. 그런데 오직 《동아》와 《조선》이 있었던 것이다. 이 신문만이 캄캄한 우리 조국을 비춰주던 유일한 등불이었으며 희망이었다. 최소한 그때 나의 눈에는 그렇게 보였다. 그로부터 나는 신문에, 신문이 하는 일에 온 관심을 기울이게 되었다. (……) 그때의 신문들은 영리적인 것이기보다는 어디까지나 민족의 공기(公器)로서 민중의 참 목탁으로서의 임무를 다하기에 최대의 노력을 했으며 그것을 오히려 자부하여 신문사마다 애국애족을 서로 경쟁하는 현상이었던 것이다. (……) 내가 학도병으로부터 탈출한 것도, 임정과 광복군에 가담한 것도, 그곳에서 독립 투쟁의 이름으로 《등불》, 《제단》 등의 잡지를 만든 것도 모두 그 정신을 《조선》과 《동아》에서 배운 것이었으며 부산 피난 시에 국민 사상의 정화와 민권 수호의 목표 하에 《사상》지를 낸 것도 현재의 《사상계》지를 하고 있는 것도 모두 그 시절에 밝혀진 사상의 소산이라 해도 과언이 아닐 것이다.

— 장준하, 〈1시민이 읽은 30년간의 신문〉, 《민족과 자유와 언론》, 1963년

이 글이 당시 동아일보 부사장 겸 주필이었던 고재욱의 회갑기념 논총에 실린 글이라는 점을 고려한다 하더라도 브나로드 운동과 당시 《동아일보》와 《조선일보》가 표방한 이념이 장준하의 민족주의 사상

형성에 영향을 미쳤으리라는 점은 부인하기 어려울 것이다. 그럼 1930년대 당시 《동아일보》가 표방하던 이념, 애국애족의 민족주의란 구체적으로 어떤 것이었을까?

당시 신문은 특별한 사건으로 증면하지 않는 한 4면 1장인 타블로이드판으로 발간되고 있었고 1면의 맨 위쪽 1단에 사설이 자리 잡고 있었다. 1면 기사보다 사설이 신문의 첫 단을 차지할 만큼 그 중요도가 매우 높았다. 당시 동아일보는 이광수가 1929년부터 편집국장으로 각종 사업을 이끌고 있었다. 동아일보 지국장 출신이었다가 광산으로 일약 거부가 된 방응모가 1933년 조선일보를 인수해서 이광수를 조선일보 부사장으로 영입하기 전까지 이광수는 동아일보의 대표적 논객이자 농촌계몽운동의 주창자였던 것이다. 그는 1933년 8월 동아일보를 퇴사할 때까지 사설, 소설 그리고 칼럼 〈횡설수설〉을 도맡아 집필했다.

가족의 우에 민족이 있는 것을 알란 말이니 이를 가르쳐 민족주의라는 것이다. 개인주의도 아니오, 가족주의도 아니오, 또 세계주의도 아니오, 민족을 '큰 나'로, '우리'라는 단일체로 인식하는 주의다. 일본인은 그 국가를 생각하기를 조선인이 그 가족을 생각함과 같이한다. 려, 제, 라 시대 하에서도 그러했다. 금일부터 조선인은 조선민족을 생각하기를 작일까지 가족을 생각하듯 하면 될 것이다. 이것이 조선인의 지도원리다.

— 이광수, 〈조선민족의 지도원리〉, 1932년 12월 27일

개인으로 보나 일단체로 보나 일민족으로 보나 힘이 곧 생명이오 힘이 곧 행복이다. 힘이 없어지는 날 그 행복과 생명은 소멸되는 것이다. (……) 지구는 힘 있는 자의 것이오 행복과 영광은 힘 있는 자만이 받을 수 있는 왕관이다. 우리는 힘을 말할 때에 반드시 금력(金力)과 병력(兵力)을 말하는 것이 아니다. 금력과 병력이 힘이 아님이 아니나 그것은 도로혀 생명력(도덕력)의 결과요 기구다.

— 이광수, 〈동아일보 력의 원천〉, 1932년 2월 1일

조선이 가야 할 민족주의는 개인주의도 가족주의도 세계주의도 아니고, 사회진화론적 세계관을 기반으로 한 '도덕력'과 문화에 기반한 민족주의여야 한다는 것인데, 이런 이광수의 인식은 1922년 5월에 발표한 《민족개조론》에서도 이미 개진된 것이다. 민족적 위기와 쇠퇴를 타개할 대안으로 도덕적 수양과 인격 도야를 강조한 것인데, 후일 주요한을 비롯한 수양동우회 여러 관련자들의 증언에 따르면 이 《민족개조론》은 도산 안창호의 말을 '구술'한 것이라고 표현될 정도로 도산의 사상을 충실히 따른 것이었다. 도산은 학교를 세운 뒤 이름을 점진(漸進)학교라 지을 만큼 점진주의를 이상적 방안으로 생각했으며 그가 세운 흥사단의 국내 지부 이름을 수양(修養)동우회라 할 만큼 인격 도야를 통한 실력 배양과 그것을 거친 독립과 근대화 방략을 내세웠다.

이와 관련해 1965년 장준하가 발간한 《사상계》 1965년 1월호에는 흥미로운 기사가 실렸다. 〈가신 님들의 얼을 되새기며 — 불멸의 언어〉라는 기사인데 장준하는 각각 서재필, 안창호, 김구 이 세 사람이

남긴 구절을 불멸의 언어로 꼽았다.

우리가 아직도 노령(露領)파니 서북 간도파 한성파니 미국파니 하고 당쟁을 일삼고 파당적 권모술수를 농락한다면 우리의 전도는 매우 요원하다. 우리는 뭣보다도 먼저 한국의 독립을 위하여 대동단결로 나아가지 않으면 안 될 것이다. 사리(私利)는 버리고 사욕을 떠나 조국을 위하여 양심적이요 희생적인 봉사를 하지 않으면 안 되는 것이다. 그리고 우리는 독립운동의 지구전에 대비키 위하여 각 방면으로 인사를 양성하는 데 전력하지 않으면 안 될 것이다. 현금 직접으로 독립운동에 헌신하던 인사 중에 특히 청년층은 될 수 있는 대로 속히 학창으로 돌아가서 학술과 기예를 배워야 할 것이다. 독립의 실권을 장악하게 되는 그 날 우리는 우리의 자력으로 국가를 운영할 만한 실력을 준비하여야 할 것이다. (……) 독립은 선전만으로 될 수 없고 허장성세만으로 될 수 없다. 독립의 가장 근본적 요소는 각성한 민중이다. 그러므로 우리는 민중 교양에 총력을 집중하지 않으면 안 될 것이다.

— 서재필,
〈각성한 민중, 독립의 요소 — 1921년 1월 17일 상해임시정부 대통령에 보낸 편지에서〉,
《사상계》, 1965년 1월

이 글은 서재필이 이승만에게 보낸 서한이었다. 1919년 3·1운동 직후 임시정부 독립운동 방략을 둘러싸고 논의가 치열할 당시 11월 3일 출범한 통합 상해 임정의 발족 이후 임정의 중심 인물은 대통령 이승만, 국무총리 이동휘, 노동국총판 안창호였다. 이들은 각각 외교독립론, 주전론, 실력양성론을 대변하고 있었다. 서재필은 무력독립투쟁론에 반대했는데, 사리사욕을 버리고 지구전에 대비하기 위해서 독립투쟁에 나선 청년은 학창으로 돌아가야 하고 독립의 방략 중 가장 중요한 것으로, '민중을 교양'하는 일에 총력을 기울여야 한다고 주장한 것이다.

그런데 역사적 배경을 살펴보면 그때는 3·1 운동 후 노령 지역 등의 무장 독립운동 세력과 통합한 상해 임시정부가 출범하면서 어느 때보다 일본에 대한 선전포고의 가능성이 높은 시기였다. 외교론은 미국 대통령 윌슨이 제창한 국제 연맹회의 자체가 지연되면서 《독립신문》에는 "태한(太旱)에 감우(甘雨)를 바라듯이 열국의 동정적 승인을 바라다가 평화회의의 문제가 아니라 하야 제출하였던 청원은 국제 연맹 안건으로 넘어간 후로 혹 낙심하는 자도 유하며 혹시 시일의 연장됨을 한하는 자도 유하야 종종의 억측과 풍설이 유행하야 인심의 추이가 많"다고 전하고 있다. 또 《독립신문》에는 이 분위기를 비판해 "현금에 국제 연맹이 오인의 유행어가 되어 익어 떨어지는 홍시 같이 갈망하며 미국의 동정을 인인설도(人人說道)하야 오인의 구제자같이 지(知)"함을 비판하기도 했다.

3·1운동에 대한 비판적 인식 아래, 중일 또는 일미의 개전은 지금 곧 기대할 수 없으므로, 러시아 과격파와 연결하여 일본제국과 개전할 것을 주장하였다. 가령 일본의 세력을 한반도로부터 구축할 수 없다고 하더

라도, 군사를 일으켜 본국으로 쳐들어가 적어도 3개월 정도 조선 내의 한 지점을 점거하여 외국으로 하여금 이를 교전단체로 인정하게 하고, 그 동정과 후원을 얻으면 독립 목적을 달할 수 있다고 판단한 것이다. 그리하여 독립군과 군자금을 모집하고 총기를 구입하여 독립군 훈련에 들어갔다.

― 서중석, 〈한말 일제침략 하의 자본주의 근대화론의 성격〉

주전파 측에서 주장하던 상황이 이런 때에 서재필은 실력 양성론 혹은 준비론 입장에서 서한을 보낸 것이다. 결국 일본에 대한 선전포고는 하지 못하고 통합 상해 임시정부는 해체되었다. 역사에는 가정이 있을 수 없으니 그 결과를 논외로 하고 본론으로 돌아오면, 장준하가 주전론이 아닌 일제시대의 실력 양성론과 준비론의 논리에 크게 공감하고 영향을 받은 것을 알 수 있을 것이다. 실력 양성론의 논리는 도산 안창호의 〈무정한 사회의 초극, 민족성 개조〉에서 더 확연히 드러난다.

"우리 대한 사회는 무정한 사회외다. 다른 나라에도 무정한 사회가 많겠지마는 우리 대한 사회는 가장 불쌍한 사회외다. 그 사회의 무정이 나라를 망케 하였습니다. 여러 백 년 동안을 대한 사회에 사는 사람은 죽지 못하여 살아왔습니다. 우리는 유정한 사회의 맛을 모르고 살아왔으므로 사회의 무정함을 견디는 힘이 있거니와 다른 유정한 사회에 살던 사람이 일조(一朝)에 우리 사회 같은 무정한 사회에 들어오면 그는 죽고 말리라고 생각합니다. 민족의 사활문제를 앞에 두고도 냉정한 우리 민족이외다. 우리가 하는 운동에도 동지 간에 정의(情誼)가 있었던들 효력이 더욱 많았겠습니다. 정의가 있어야 단결도 되고 민족도 흥하는 법이외다. 정의는 본래 천부한 것이언마는 공교(孔敎)를 숭상하는 데서 우리 민족이 남을 공경할 줄은 알았으나 남을 사랑하는 것은 잊어버렸습니다. 또 혼상제사에도 허례에 기울어지고 진정으로 하는 일이 별로 없습니다."

"정의(情誼)기르는 데 몇 가지는 1. 남의 일에 개의하지 말 것. 2. 성격이 나와 같아지기를 바라지 말 것. 3. 자유를 침범하지 말 것. 4. 물질적 의뢰가 정의돈수(情誼頓修)가 아니라는 것. 5. 정의를 혼동치 말 것. 6. 신의를 지킬 것. 7. 예절을 지킬 것이다."

― 안창호, 〈무정한 사회의 초극, 민족성 개조〉, 《흥사단보》, 1946년 6, 7월
〈유정한 사회와 무정한 사회〉, 《사상계》, 1965년 1월

일제에 의한 식민의 원인을 조선의 내부, 특히 '민족성'에서 찾고, 이 민족 사활의 방법으로 도덕과 인격 수양을 우선한다는 논리다. 독일의 문화적 민족주의와 일본의 문화주의 등에서 영향받은 이 문화주의적 민족운동론을 장준하는 왜 '불멸의 언어'로 선택했을까? 안창호는 익히 알려진 대로 국내에 점진학교를 세운 뒤에 미국으로 건너가 1913년에 흥사단을 세우고 1922년 국내 지부격으로 이광수에게 서울에 수양동맹회를, 전 신민회원들에게 평양에 동우구락부를 설립할 것을 지시했다. 이 두 단체가 후일 수양동우회로 통합되고 조병옥, 주요한 등이 정치적 혁명 등을 주장하면서 '수양' 자를 떼고 1929년

사상계 시절, 동지들과 함께한 장준하. (장준하 기념사업회 제공)

국외 흥사단과 합쳐 '동우회'가 된 것이다. 1937년 신사참배 문제를 계기로 평양, 선천지부 동우회 관련자 93명 등 총 181명이 검거되는 '동우회' 사건이 일어나는데 이때 체포된 안창호는 그 이듬해에 죽고 49세의 이광수는 5년형, 41세의 주요한은 4년형, 47세의 조병옥이 2년 6개월형, 46세의 장이욱이 2년형에 집행유예 3년형을 선고받는다. 이 동우회사건으로 수감되었던 장이욱은 바로 장준하가 다닌 신성중학교의 교장이었다. 장준하는 장이욱 교장의 체포에 반대해 교내에서 동료 학생들을 선동해 일본 교과서를 불태우고 산에 올라가 항의하는 비폭력 시위를 주도했다. 장준하는 이 사립 기독교 학교에서 자연스럽게 동우회 계통의 기독교적 민족주의를 체득했을 것이다. 장준하는 신성중학교를 졸업한 뒤, 정주 신안소학교에서 교편을 잡는데, 이 지역 출신으로 《사상계》 편집장을 지낸 지명관이 일제 식민지 시기 이 지역에서 "크리스천 가정이라면 아들을 신안학교를 거쳐 신성중학교로 보낸다는 것이 어떤 의미에서는 정규 코스"였다고 증언한 것을 보면 장준하의 청소년기 관서 지역 기독교 민족주의의 영향을 짐작할 만하다.

또 장준하가 '불멸의 언어'로 꼽은 것 중에는 김구의 〈자유의 나라, 민국의 기초〉가 있다.

"시방 공산당이 주장하는 쏘련식 민주주의란 것은 (……) 독재 정치 중에도 가장 철저한 것이어서 독재 정치의 모든 특징을 극단으로 발휘하고 있는 즉 (……) 맑스의 학설을 최후의 것으로 믿어 공산당과 쏘련의 법률과 군대와 경찰의 힘을 한데 모아서 맑스의 학설에 일점 일획이라도 반대는 고사하고 비판만 하는 것도 엄금하여 이에 위반하는 자는 죽음의 숙청으로써 대하니 (……) 만일 이러한 정치가 세계에 퍼진다면 (……) 그런 큰 인류의 불행은 없을 것이다. (……) 어느 한 학설을 표준으로 하여서 국민의 사상을 속박하는 것은 (……) 옳지 아니한 일이다."
"일부 소위 좌익의 무리는 혈통의 조국을 부인하고 소위 사상의 조국을 운운하며 혈족의 동포를 무시하고 소위 사상의 동무와 프롤레타리아트의 국제적 계급을 주장하여 민족주의라면 마치 이미 진리권 외에 떨어진 생각인 것 같이 말하고 있다. 심히 어리석은 생각이다. (……) 혈통적인 민족만은 영원히 성쇠 흥망의 공동 운명의 인연에 얽힌 한 몸으로 이 땅 위에 나는 것이다."

"나는 우리나라가 세계에 가장 아름다운 나라가 되기를 원한다. 가장 부강한 나라가 되는 것을 원하는 것은 아니다. 내가 남의 침략에 가슴이 아팠으니 내 나라가 남을 침략하는 것을 원치 아니한다. 우리의 부력은 우리의 생활을 풍족히 할 만하고 우리의 강력은 남의 침략을 막을 만하면 족하다. 오직 한없이 가지고 싶은 것은 높은 문화의 힘이다. 문화의 힘은 우리 자신을 행복하게 하고 나아가서 남에게 행복을 주겠기 때문이다."

— 김구, 〈내가 원하는 나라〉, 《백범일지》/《사상계》, 1965년 1월

장준하가 김구의 반공산주의에 공명하고, 경제력보다 문화를 높이 강조하는 민족주의에 깊이 감명받았다는 것은 명백하다. 다만 태평양전쟁에 학생들의 동원을 선동했던 동아일보의 이광수나 동우회의 일부 인사들이 걸은 길은, 1944년 임시정부 이름으로 일본에 선전포고까지 한 김구의 행적하고는 상당히 다른데 어떻게 장준하에게 불멸의 언어로 기억될 수 있었던 것일까? 이것은 당시 역사적 시점와 연관되어 있다.

1932년 만주사변 이후 일제가 문화정치에서 파시즘적 탄압정책으로 선회하면서, 조선의 민족주의자들은 동아일보계열이든 안재홍 등의 조선학운동계열이든 현상적으로는 상당히 유사한 민족문화선양 운동 등에 매진할 수밖에 없었다. 또 1935년 이후 기독교와 서구 선교

사에게 유화적이던 일제 총독부는 동화주의를 앞세워 기독교 논리에 정면 배치되는 신사참배를 강요하면서 선교사들을 미국으로 자진 철수하게 하거나 추방하고 이광수 등 동우회 회원들까지 탄압한 것이다. 동우회 사건 관련자들이 1941년 모두 무죄로 석방되기는 하지만, 1930년대를 관서지역의 기독교 민족주의 문화에 둘러싸여 산 장준하에게는 "일본군 하급장교출신"이 아닌 바에야 이들은 모두 일제의 탄압과 고문을 힘겹게 받는 선배들이었을 것이다. 1943년 동경에서 일본 신학교에 재학중인 유학생 신분의 장준하가 최남선과 이광수의 학병지원 연설을 직접 목도하면서도 평소와 달리 침묵했다는 것도 아마 그들의 행위를 피치 못할 일탈로 받아들였던 것이 아닐까?

또 한편으론 기독교가 담지한 서구문명론이나 동아일보 계열의 문화주의가 표방했던 자본주의적 근대화론에 기반한 민족주의를 신념으로 받아들인 장준하로서는 이 잠시 동안의 일탈 행위는 그들이 조선 문화에 기여한 것에 비추면 미미한 과오로 여겨졌을 것이다. 장준하는 1962년 《사상계》 8월호에도 '8月이 오면 그리운 사람들'이라는 특집을 실었는데, 그것은 〈普慶里 24號와 白凡(김구)〉, 〈古堂(조만식)과 朝鮮民主黨〉, 〈毅然한 氣象의 政治家 古下(송진우)〉, 〈民主主義의 俱現者 海公(신익희)〉, 〈獨裁에 抗拒했던 維石(조병옥)〉이었다.

그럼 1930~1940년대 이 전시 일본 파시즘시대 동안 봉합되어 있던 이 다기한 부르주아 민족주의 흐름은 그 공동의 적이 사라졌을 때는 어떻게 될까?

사상계, 반공의 뜻을 들고 문화운동을 이끌다

해방 후 장준하는 1945년 11월 23일 김포공항에 김구의 비서 자격으로 도착한다. 김구가 미군정 사령관 하지 중장과 면담을 한 뒤인 11월 27일에 한국민주당 당수 송진우, 한국국민당 당수 안재홍, 인민당 당수 여운형, 조선인민공화국 국무총리 허헌과의 4당수 회담이 마련되었다.

장준하는 김구에게 보고하기 위해 당시 해방 직후 주요 정치 세력에 대한 견해를 자세히 작성했다. 그 인물평은 김구가 30여 년 동안 망명했던 까닭에 아직 낯선 국내의 각 정치인들과 면담을 앞두고 작성된 것이었다. 그 사람들을 두고는 주로 임시정부에 대한 태도와 인민공화국에 대한 입장에 따라 평을 달리했고, "임시정부의 환국을 기다려 임정의 지도에 따라 모든 행동을 해야 한다"며 해방 직전 엔도 정무총감의 정권 인수를 거절한 송진우에게 가장 격찬에 가까운 평을 내렸다.

> 그는 강인한 민족주의자로서 명분과 전통을 존중하는 인물이며 사회주의 사상에 대한 절대적인 배척을 신조로 하고 있고, 동아일보를 중심으로 하여 집결되는 인물 가운데 중심 인물이라고들 하였다. (……) 송진우 씨의 대임정 태도는 확고한 것이었다. (……) 이상의 두당(조선민족당과 한국국민당)을 합류시켜 놓고 '한국민주당'으로 정식 발당을 하기도 전에 발기인 명의로 '인민공화국 타도와 임시정부 지지'의 성명을 발표

하였다. (……) 그때의 '인공타도'의 성명문 전문은 이렇다. 일본의 압박이 소멸되자 정무총감, 경기도 경찰부장으로부터 치안 유지 협력의 위촉을 받고 피를 흘리지 않고 정권을 탈취하겠다는 야망을 가지고 나선 일본제국의 주구들이다. (……) 삼천만 민중이여, 제군은 이 같은 도배들의 반역적 언동에 현혹치 말고 민중의 진정한 위사를 대표한 오등의 주의에 공명하여 민족적 일대 운동을 전개하지 않으려는가.

— 장준하, 《돌베개》, 1971년

27일 당일의 면담에서도 송진우가 김구에게, 연합국에 친선 사절단을 파견해 국내외에 사상적 통일이 되어 실력이 양성되었음을 선전할 것, 재정 문제에 국내외 유지들의 희사를 받을 것, 광복군을 모체로 국군을 편성시킬 것 등을 건의하자 장준하는 "그의 구국 일념의 정열은 부러울 정도였다. 듣고 있던 나의 심중까지 그것은 전도되는 듯했다. '인민공화국 타도'를 외쳤던 기개가 살아 있음을 목격했다. 적이 마음이 든든해 지는 것 같았다"고 격찬했다.

반면 여운형은 "해외 인사들이 입국하기 전에 기성기반을 완성시키려는 야심"이 있는 인물로, 허헌과 더불어 사회주의 좌파로서 공산주의자들에게 둘러싸인 상태라고 설명했다. 안재홍에 대해서는 그가 "매우 분석적"이라고 평하면서, 민족진영과 계급진영의 대결 속에 혼돈이 계속되고 있으니, "과정(過政)을 새로 수립할 것이 아니라, 현재의 이 혼란을 하루 속히 안정시키는 의미에서, 직접 임정이 집정을 해 주"어야 "38도선 문제나 또는 신탁관리 문제 같은 것도 의외로 빨리 해결되리라"는 성명과 담화 내용을 자세히 회상하고 있다. 장준하는 인민공화국 타도를 주장한 송진우에 적극 찬성하고, 임시정부의 직접 집정 혹은 송진우의 표현처럼 이승만의 '대한독립촉성중앙협의회'와 함께 정국을 주도하는 안을 긍정적으로 생각하고 있던 것이다.

그러나 1945년 12월 당시 정국은 장준하가 애초 생각한 방향과 유사한 곳으로 가고 있지 않았다. 한민당 내에서도 이미 임시정부에 대한 다른 구상이 나오고 있었다.

> 설산(장덕수)은 임시정부가 한독당을 중심으로 한 민족진영과 김원봉 등의 좌익진영 그리고 중간파 등의 일시적인 연합체로 구성되어 있으므로 멀지 않아 내부 분열을 일으키게 될 것이라고 내다보면서도, 임시정부의 역사적 법통과 김구 주석 개인의 권위에 정치적 비중을 두어 먼저 환국한 이승만 박사와 함께 정치 세력 대단합의 구심체가 되어 주기를 기대하였다. 그리고 한민당은 국내파 정치세력의 제1당으로서 임시정부를 중심으로 건국운동을 전개하는 강력한 우당이 되어야 한다고 생각했다.
>
> — 이경남, 《설산장덕수》, 1981년

또한 12월 초순부터 송진우가 건의했던 '재정 문제'로 임정과 한민당 관계가 표면적으로도 갈라지기 시작했는데 송진우와 김성수가 만든 '환국지사후원회'는 임정 측에 9백만 환을 전달했다가 친일파의 돈이라고 해서 거절당했다. 또 12월 중순 국일관에서 열린 임정요인 '환영 준비회'에서 임정 내무부장 신익희가 "국내에 있던 사람은 크게

나 작거나 간에 모두 친일파"라는 발언 때문에 촉발된 설전 끝에 송진우는 이런 발언을 하게 된다.

"여보 해공(신익희)! 표현이 좀 안 됐는진 모르지만 국내에 발붙일 곳도 없이 된 임시정부를 누가 오게 하였기에 그런 큰소리가 나오는 거요? 소위 '인민공화국' 작자들이 했을 것 같애? 천만에요. 해외에서 헛고생을 했군."

"해방된 우리 국민들에게 임시정부를 떠받들도록 하는 것이 3·1운동 이후 임시정부의 법통 때문이지 노형들 개인을 위해선 줄 알고 있소? 여봐요, 중국에서 궁할 때 뭣을 해먹고서 살았는지 여기서는 모르고 있었는 줄 알아? 국외에서는 배는 고팠을 테지만 마음의 고통은 국내 사람들보다 오히려 적었을 거 아니야. 가만히들 있기나 해요. 하여간 환국했으면 모든 힘을 합쳐서 건국에 힘쓸 생각들이나 먼저 하도록 해요. 국내 숙청 문제 같은 것은 급할 것 없으니 임정 내부에서 이러한 말들을 삼가하도록 하는 것이 현명할 거요!"

— 이경남, 《설산장덕수》, 1981년

이렇게 임정과 한민당의 갈등이 시작되고, 각 정치 세력들의 '임정봉대'의 내막이 드러나기 시작할 즈음인 12월 19일, '임시정부 개선환영회'를 마지막으로 장준하의 돌베개 회고록이 끝을 맺고 있다. 장준하는 "'중경으로의 길'을 국내에서는 아무도 가려내지 못하였"다고 암울하게 끝내는데, 중경으로의 길이란 중경 임정의 법통에 의한 모든 우익 세력의 총단결과 그들을 통해 독립국가를 수립하는 것이었을 것이다. 이때가 또한 중경 임정이 가장 대중적 지지와 기대를 모았을 때였다.

그런데 1945년 12월 말부터 모스크바 삼상 회의 결정 중 신탁통치 문제를 둘러싸고 대대적인 신탁통치 반대운동이 개시된다. 신탁(trusteeship)이란 잘 알려져 있다시피 2차 대전 중에 전후 처리를 둘러싸고 많은 식민지를 보유한 구제국인 영국의 수상 처칠이 주저하던 사이, 당시 미국 대통령 루스벨트가 구제국주의 국가처럼 영구적 식민지화는 아니지만 강대국들에 의한 일정한 정치적 훈련기간을 거쳐 식민지를 근대국가로 독립시킨다는, 식민국가들에 대한 다분히 오리엔탈리즘적 인식을 배경으로 등장한 안이었다. 김구는 이 신탁통치에 반대하며 비상정치회의를 소집했다. 이것은 임시정부를 확대 강화해서 정치회의를 소집하고 이 비상정치회의에서 선임되는 과도정권이 국민대표대회를 소집해 헌법을 제정하고 정식 정부를 수립해서 신탁통치 안을 배격하자는 안이었다. 이것을 두고 후일 장준하는 이렇게 회고 했다.

> 비상정치회의를 소집하자고 각 정당 사회단체 종교단체에 제의하자 모든 정당, 사회단체, 종교단체가 호응을 해서 준비 회의를 열었으나 공산당, 인민당, 독립동맹의 3개 좌익계 정당이 참석을 안 했습니다. 그래서 성주연, 김원봉, 김창숙 등 임정 안의 공산계 인사들을 통해 참여교섭을 계속했으나 그들은 끝끝내 참여하지 않고 떨어져 나갔지요.

그러나 이승만 박사의 독촉을 비롯한 모든 민족진영 정당 사회단체가 참여하여 비상정치회의는 비상국민회의로 개칭, 2월 1일 명동의 천주교 성당에서 열렸습니다. 지금 천주교 청년회관 자리에서지요. 모두들 굉장히 기뻐하였습니다. 설산 장덕수 같은 분은 '이런 회의를 우리가 얼마나 기다렸소. 말하자면 건국회의가 아니오? 가족에게만이라도 보여 주어야 할 거요'라면서 대표만이 입장할 것이 아니라 방청객을 넣자고 주장하기까지 했지요. (……) 비상국민회의는 미군정이라는 벽에 부닥쳐 남조선 대한민국 민주의원이라는 미군정의 자문기관으로 격하돼 버려 결국 당초 목적인 자주독립정부 수립까지 가지 못한 것이 아쉽습니다.

— 조규하, 〈장준하 인터뷰〉, 《남북의 대화》

임시정부가 미군정이라는 현실 권력에 부딪혀 정국의 주도권을 빼앗기기 전까지 장준하는 활발하게 활동했다. 1946년 1월경 그는 김구의 개인 비서라는 직함이 아니라 좀 더 공적인 업무에 이름을 올리고 있었다. 1946년 1월 22일 비상정치회의 준비회가 결성되었을 때 회장 안재홍, 부회장 한시대 아래 서기로 임명되었고, 1월 31일 비상국민회의 준비회에도 외무위원회에 이은 서무위원회 기록 책임자로 임명되었다. 또한 1946년 2월 25일 대한민국대표민주의원 전형에서도 서기국원으로 발표되었다.

지금까지의 평전들에는 장준하가 김구의 비서로 있다가 이범석의 민족청년단에 입단하는 계기에 대해서는 잘 알려져 있지 않았다. 그런데 그의 행적을 따라가 보면 1946년 4월 그러니까, 이범석이 귀국하는 6월 이전에 이미 장준하는 정계에서 천천히 발을 옮겨 청년운동 쪽으로 선회하고 있었다. 그해 3월부터 4월까지 무슨 일이 있었던 걸까?

당시 김구 측은 좌익 측의 민주주의민족전선에 버금갈 만한 우익의 통합운동을 모색 중이었다. 3월 말에 한국독립당의 김구와 조완구 등은 이 문제로 당시 자신들 외의 주요 우익정당들인 한민당의 김성수, 국민당의 안재홍, 신한민족당 등과 회합을 가졌다. 한민당 측은 임시정부의 근간으로서 나머지 다른 한민당, 국민당, 신한민족당이 흡수 합당할 것을 주장하고, 송진우가 암살된 뒤, 한민당을 대표하게 된 김성수는 이것하고는 다르게 신당의 이름과 강령을 새로 정해 이승만을 영수로 하는 신당을 제안했다.

4월 7일에 한독당은 김구를 중앙집행위원장으로 하면서 한독당이라는 당명을 사용하고 총무, 재정, 선전, 조직 등 핵심 부서를 한독당이 맡는다는 안을 합동교섭위원회 회의에서 결의하였다. 이것을 두고 한민당 중앙집행위원회에서는 "합당이 아니라 헌당(獻黨)"이다, 한독당의 독존이라고 맹비난하며 합당안 자체를 부결시켰다. 한마디로 말해서 결국 우익 측의 통합운동은 결렬된 것이다. 장준하가 했던 해방 직후 영수들의 인물평에 비추어 봤을 때 김구 측 못지않게 장준하는 한민당 측에 대해서도 고려한 듯한데, 이 양자는 결국 통합하지 못하고 분열되었던 것이다.

더구나 4월 18일에 미·소공동위원회에서는 "모스크바 삼상 회의 결의 즉 신탁통치 방안 작성에 협력하고 정부 수립에 협조할 것을 선언하는 정당 사회단체들만을 임시정부 수립의 협의대상으로 한다"는 공동 코뮤니케 제5호를 발표하였다. 이제까지 신탁통치 결사반대 운동을 한 비상국민회의나 민주의원, 한독당, 한민당 등은 사분오열된 채 어떤 방식으로든 신탁통치 문제를 긍정하지 않으면 향후 새로 수립될 임시정부 수립의 협의 대상조차 되지 못하는 것이다. 우익 총단결이라는 장준하의 이상을 고려할 때 이런 흐름에 대해 그는 적이 실망했을 것이다.

일 년 전 그의 행보를 기억해 보면 그가 어떤 선택을 할지 짐작이 간다. 그는 1944년 죽음을 걸고 탈영했다가 중경 임정의 내부 파쟁을 보고 실망하여 중경 임정을 떠났을 때 《등불》이라는 잡지간행에 몰두하다가 그래도 신익희가 일인당인 '한국청년당'을 만들어 학병동지들을 빼가자 결국 광복군 참모장 겸 제2지대장 이범석 밑으로 들어간다. 그때 이범석은 당시 임정 내무부장 신익희에게 항의하러 가서 몽둥이를 들고 시위하는 장준하에게 "내가 왜 중경을 떠나서 서안에 가 있는지 아는가? 나도 그분들의 싸움에 진절머리가 났다. 그뿐더러 이곳에 더 이상 머물러 있다는 것은 나와 나라에 모두 아무런 이익도 주지 못한다"고 말했다. 이런 일이 있고 약 1년 뒤 다시 우익 내부의 삼분오열을 본 장준하는 다시 고민하기 시작했을 것이다.

이즈음 4월 25일 좌익 측에서는 오전 10시에 시천교 강당에서 조선민주청년동맹 결성 전국대회를 개막했다. 이때 청년 대의원은 38도 이남 조선의 10도 118군 295명이 모였고 '미·소공동위원회 감사 지지와 남조선의 반민주적 탄압에 대해 미군정에 진정서를 제출하야 탄

원할' 것을 결의하는 대회였다. 여기에는 민주주의민족전선, 인민당, 민족혁명당 김원봉, 공산당 이주하, 신민당 고찬혁 등이 축사를 하는 대성황을 보였다. 그런데 바로 같은 날 오후 2시 반 정동 예배당에서는 임정 광복 독립동맹 의용관계의 청년들이 모여 "건국에 이바지하자"는 취지의 한국청년회 결성대회가 열렸다. 장준하는 이 한국청년회에 엄요섭, 김원권 등과 함께 발기인으로 나섰고, 이날 결성대회에서 의장에 엄요섭이 서기장에 장준하가 선출되었다. 결성대회의 날짜와 취지를 보면 좌익의 조선민주청년동맹 결성에 대응하기 위해 결성된 청년 단체라는 것을 알 수 있다. 한 달 뒤 이 한국청년회는 첫 사업으로 문맹퇴치를 목표로 하기계몽대(夏期啓蒙隊)를 조직해 7월 초순 경남조선 각 도에 파견하기로 결의하고, 명예회장을 김규식으로 진용을 정비하고 장준하 조사부장이 되었다.

    그러나 이 한국청년회도 많은 활동을 하진 않자, 결국 귀국한 이범석이 준비하는 민족청년단에 입단, 장준하는 다시 한 번 이범석 밑에서 활동했다. 그러나 그는 이 일도 곧 그만두는데, 김준엽의 회고에 의하면 장준하는 그 이유를 민족청년단이 "좌익계에 너무 허용적이기 때문"이라고 밝힐 정도였다. 우익의 단결이라는 희망이 좌절되었을 때 장준하가 선택할 길은 《등불》 같은 문화운동일 수밖에 없었을 것이고, 결국 그는 《사상》을 거쳐 최대 십만부까지 발행한, 50년대 대학생이면 거의 모두 들고 다녔다는 《사상계》를 발간하게 되었던 것이다.

중립화 통일론에 반대하고 국토건설단에 온 힘을 쏟다

장준하가 가지고 있던 사상적 스펙트럼이 협소했던 데 반해 실제 《사상계》에는 다양한 사상 조류들이 소개되었다. 공산권 국가를 비판하는 미국 측의 자료들을 미공보원을 통해서 손쉽게 구할 수 있는 양호민 등의 필진들이 반공주의를 학술적으로 소개하던 것이 《사상계》에 실린 다수 논설들의 경향이었다. 그러나 한편으로 1950년대 초반에는 사회민주주의 체제에 대한 자세한 논설들이 소개되기도 하고 1950년대 중반 이후로는 제3세계 동향에 대해서도 꾸준히 소개되고 있었다. 특히 1956년에는 인도 나세르의 중립주의를 소개하기도 했다.

> 중립주의의 정확한 의미는 무엇인가요? 정상적으로 말해서 이 말은 전시 용어입니다. 전쟁하는 나라와 중립국이 있는 것입니다. 평화 시에 이런 말을 쓰는 것은 일종의 전쟁 심리를 표시하는 것인데 우리는 이런 심리를 조장하고 싶지는 않습니다.
> 이 말을 다른 의미로 쓴다면, 즉 미국 영국 쏘련 같은 적극적 정책을 쓰는 국가가 있다는 의미라든지 혹은 명확한 정책을 가진 두 개의 진영이 있다는 뜻으로 쓴다면 우리가 그 어느 진영에도 가담하지 않는다는 것은 사실입니다. 이것은 무엇을 의미할까요? 그것은 단순히 우리가 독자적 정책을 쓴다는 뜻이요, 문제를 판단하는 데 사실에 입각한다는 뜻이지요. 그러므로 우리는 소위 '냉전'을 조장해서는 안 됩니다. 냉전이 큰 전쟁을 우발하지 않는다는 견해는 잘못입니다. 냉전이란 별다른 의미를

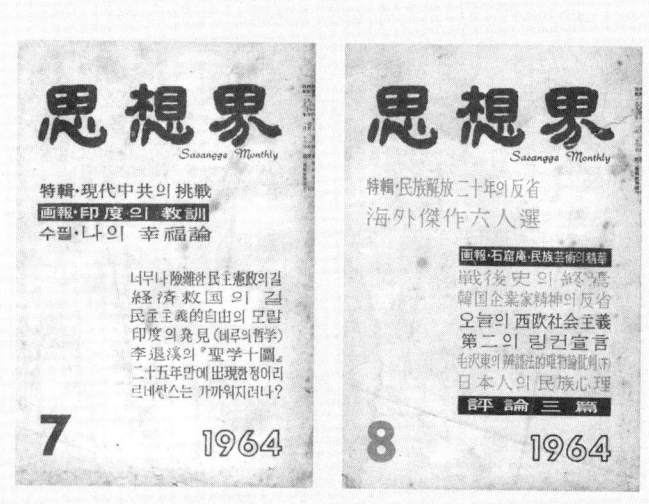

장준하의 문화운동을 뒷받침한 잡지《사상계》.

갖는 것이 아닙니다. 냉전이 큰 전쟁의 전주곡일진대 그것은 위협입니다. 큰 전쟁을 배격한다 하더라도 긴장을 지속하고 문제의 해결을 가로막는 것이 냉전인 이상 큰 전쟁은 불가피합니다. 문제를 해결할 방도를 잃고 냉혹한 분노 상태에 머물러 있게 됩니다.

— 네루, 〈삼거두의 중립관〉, 《사상계》, 1956년

《사상계》는 어느 잡지보다 '시론', '움직이는 세계' 등을 통해 국제 정세와 제3세계 동향을 꾸준히 소개하고 있었다. 특히 중립화와 관련된 기사들은 반공주의적 관점과 미국 측 입장에서 전달되었지만 1959년 11월에는 중립화에 대한 상당히 개방적인 논설도 싣게 되었다.

미국의 전통적 고립주의, 인도의 소위 '비동맹주의(non-Alignment)', 인도네시아의 소위 '만국과의 우호공존주의', 캄보디아의 '독립주의', 낫셀의 소위 '능동적 중립주의', 아프가니스탄의 소위 '동일한 우호정책' 또는 티토의 '적극적 공존주의' 등등은 모두 이 범주에 속할 것이다. (……) 중립주의라는 것이 제3세력으로서 국제 정치 무대에서 절대로 무시 못 할 힘으로서 현실에 작용하고 있느니만큼 우리로서도 거기에 관해서 부단의 관심을 가져야 하는 것은 물론이거니와, 현재 우리가 지향하는 바 집단안전보장주의가 아직도 현실세력이 되지 못하고, 또한 권력동맹정책(Power Alliance)이 남북통일을 가져오지 못한 것이 사실일 바에야 그 밖의 다른 길, 즉 자유민주주의의 범위 내에서 안전보장과 통

일을 동시에 가져올 수 있는 정책을 여러 방면으로 찾아본다는 것은 결코 비난의 대상이 될 수 없을 것이다.

— 박준규, 〈국제 정치에 있어서의 중립〉, 《사상계》, 1959년 11월

국제 연맹과 국제 연합을 기준으로 하는 국제법상으로 봤을 때 중립화는 전적으로 합법적이지 않지만 현실의 국제 정치가 이미 변화하고 있으니 중립화를 고려해 보자는 글이다. 이 글이 실린 1959년경은 이미 아시아 아프리카의 제3세계 국가들이 상당한 수를 형성해서 1960년에는 드디어 유엔에 대거 가입하게 되기도 하였다. 《사상계》의 이런 기사들이 발행인의 사상과 달리 학생들에게 영향을 준 것은 물론이다. 그러나 장준하 자신은 4·19혁명 이후에도 중립주의 자체나 중립화 통일론을 격렬히 반대했다.

우리는 국가나 민족만을 지상으로 삼는 고루한 국수주의자여서는 물론 아니 된다. 우리가 주장하는 국가 이익은 '자유와 민권'을 바탕으로 한 국가이다. 그러므로 국가 형태야 어찌되든지 덮어놓고 통일하고 보자는 일부의 환상적 논리에는 엄숙한 반성이 촉구되는 바이다. 또한 우리의 자유와 민권이 침해될 가능성을 예상시키는 여하한 형태의 중립주의도 용납될 수는 없다. 여기에 우리가 공산주의와 싸워 온 논거가 있는 것이다.

— 장준하, 《사상계》, 1960년 12월

장준하가 중립주의에 반대한 이유는 1961년 1월 《사상계》에 실

은 민주당 민의원 신상초의 논리에 근접한 것일 것이다. "통일의 방법으로서 중립화 조치부터 취하자는 것은 통일을 위해 내지는 통일의 수단으로서 외군 철수, 남북한이 각자의 처지에서 맺고 있는 동맹관계의 해소, 그리고 남북정권의 동시 해체를 요구하는 것인데, 이것이 국제 정치의 가혹한 현실적 대립에 비추어 가능하리라고는 도저히 생각할 수 없다"는 것. 즉 중립을 선언하면 미국을 주축으로 하는 이 자유 진영의 원조가 깨지리라는 것인데, 여기에 덧붙여 장준하는 또 다른 이유로 남북한의 경제 수준의 차이를 들고 있다. 당시 남북한의 수준을 냉정히 파악하면 당시 경제적 우위에 있는 북한과의 통일이 위협이 되리라고 판단해, 통일보다 경제 건설을 더 주장한다.

이승만이 망령하여 있던 휴전 후 7년간을 북한 괴뢰들은 전 노동력을 생산에 기울여 상당한 성과를 드러내고 있다. 그렇다고 우리는 그들의 건설을 두려워함도 아니요, 부러워함은 물론 아니다. 다만 '이제라도 늦지 않으니 우리의 자각이 이에 미쳐 건설에 곧 착수하겠는가' 또한 '전 국민이 납득할 수 있는 향방으로 이끌어 나아갈 수 있겠는가' 하는 것만이 문제이다. 경제적 부흥만이 정치적 자립을 꾀할 수 있는 길이요 우리의 생명 같은 '자유'를 수호함도 이에 따른다. 우리는 정부가 국토 개발을 위한 대사업을 착수하는 데 일루의 희망을 또 걸어 본다. (……) 이제 객관적 국제 정세는 우리가 싫든 좋든 통한(統韓)이란 과업을 우리에게 뒤집어씌워 놓고야 말 것이 아닌가. 우리는 장 내각을 두호하는 자도 아니요, 야당을 나무라는 자는 더욱 아니다. (……) 그 보다는 우리의 불구대천의 적 공산진영의 위협을 당장 발등에 당하고 있지 않은가.

― 장준하, 《사상계》, 1961년 1월

　　장준하는 1961년 1월 18일 장면 정권 측에서 국토건설사업을 맡아 달라는 요청을 수락한 뒤, 자신은 사업부 종합지도부장직을 맡고, 공보부장에 이만갑(서울대 교수), 동원부장에 신응균(전 토이기 대사) 등을 끌어들였는데, 두 사람 모두 《사상계》 필진으로서 "국토건설사업단은 사상계사업"이라는 말이 나올 정도로, 또 장준하가 이 사업을 그만두는 3월까지 《사상계》 업무가 마비될 정도로 그는 이 일에 적극적이었다. 흥미로운 것은 같이 참여했던 신응균이 이 사업을 "장면 정부가 노임살포를 목적으로" 사방사업, 관개저수지, 침식방지사업을 한 것이라고 회고하는데 반해, 장준하는 일종의 농촌 부흥의 방략임을 강조했다.

　　국토건설사업은 가능한가? 사람이 마침내 타자연계를 정복하고 스스로 왕자가 된 것은 자각과 지혜를 밑받침으로 한 부단한 노력의 소치인 것이다. 오늘날 세계 최고의 찬란한 문명과 부유를 자랑하는 미국도 불과 4세기 전에 암담 몽롱함에서 벗어나 비로소 역사에 등장하였을 뿐이다. (……) 이것은 미국의 건국사의 얘기지만 이 얘기와 이들의 후손이 세계 최고의 부유를 누리고 있는 오늘날의 미국을 한 번 상상 비교해 보면 우리는 뭔가 깨달아지는 게 있게 된다. (……) 국민의 협력을 구하는 일대 국민 운동을 일으켜 마침내 국토건설사업을 크게 추진한 때문에 오늘날과 같이 세계 유수의 번영을 누리는 훌륭한 농업국가로 만들은 것이다.

— 장준하, 〈국토건설사업의 의의〉

장준하가 이 국토건설사업을 위해 가장 공을 들인 부분은 바로 대학졸업 인텔리 학생들을 교육해 그들이 이 농촌부흥사업의 기간이 되게 하는 것이었다. 1961년 2월 28일 2,034명의 '추진 요원'들의 종강식을 치뤘는데 얼마 지나지 않은 3월 중순에 장준하는 사임을 표명했다. 장준하가 사임한 직접적 원인은 흔히 알려진 것처럼 5·16쿠데타가 아니라 예산 처리 문제와 이들 대학 요원들에게 임금을 지급해 각 지역으로 배치하지 않은 데 따른 것이었다. 사임의 이유가 될 정도로 장준하는 이 '추진요원' 훈련과 배치를 국토건설사업의 핵심적인 사안으로 생각했다.

장준하는 이들을 훈련시킨 다음 1년 동안 농촌에서 활동하게 하고 그 다음 그 지역의 군수부터 이 요원들로 대체해 향후 농촌지역사업의 근간이 되게 한다는 생각이었다. 이 사업은 당시 대학을 졸업한 청년들의 호응도가 아주 높아 예비역 중령이었던 김종필도 이력서를 제출할 정도였다. 또한 합격해 훈련을 받은 훈련생들에게 장준하는 엘리트로서의 사명감을 심어주는 교육에 심혈을 기울였는데, 장준하가 사임하고 종강한 이후에 이 추진 요원들이 따로이 모여 '국건동기회'를 만들고 장준하를 초빙해 연설을 들을 정도로 장준하에 대한 청년들의 신뢰가 상당했다.

역사는 하루아침에 이룩되는 것이 아닙니다. 오늘 여러분들이 피땀 흘려 일하면서 몸소 체험한 애로사항을 상부에 호소하고 건의하여 거족적 사업인 이번 국토건설사업을 성공적으로 이끌기 위하여 모인 줄로 생각됩니다. 저는 여러분들이 직접적으로 관련된 본부의 한 책임을 가진 사람으로서 여러분들의 정성어린 뜻을 충분히 이끌어 주지 못함을 매우 유감스럽게 생각합니다. (……) 우리가 알아야 할 것은 이 국가가 남의 국가가 아니라 우리의 국가라는 것입니다. 비뚤어진 국가를 바로 잡는 것이 우리의 임무인 것입니다. 이 거창한 국가적 사명을 여러분들은 짊어진 것입니다. 여러분들은 이 사명을 인식하고 선배 없는 선배로서 일해주길 바라는 바입니다.

— 장준하, 〈비뚤어졌어도 내 나라다〉, 국건동기회 격려사

장준하는 후일 이 국토건설단 사업이 쿠데타 이후 변질된 것을 두고, 즉 중앙에서 엘리트를 양성해서 그 지역 개발의 기간 요원이 되게 한다는 그의 취지와 방법론하고는 다르다는 점을 맹렬히 비난했다. 그리고 70년대 진행된 새마을운동에서 대해서도, 청년들의 자발성을 동원하는 진행 방식이 그의 국토건설 사업안을 재현하는 것인데 반해, 이미 공업화 중심의 근대화로 농촌이 피폐해질 대로 피폐해진 뒤에 이 운동이 뒤늦게 진행됨을 안타까워했다.

5·16후 국토건설사업만은 그대로 계승 실시한다는 포고까지 내어 놓고도 그들은 그 사업에 정신적 바탕을 완전히 무시해 버렸다. 우리가 그

요원으로 대학을 졸업하고 군복무를 마친 자 중에서도 특히 우수한 자를 공개시험으로 선발해 그 위에 또 일정한 훈련을 가한 연후에 현장으로 보낸 데 반해 그들은 깡패들을 모아 그 현장을 불량배들의 강제 노동장으로 전락시켰다. 우리는 사명감을 가진 이 나라의 엘리트로 건설의 주역을 삼으려는 데 반하여 그들은 국토건설 현장을 깡패들을 응징하는 '형장'으로 만들었다. 이제 사후약방문격으로 정부에서 하고 있는 소위 '새마을운동'이라는 것이 이름만 다를 뿐 이미 그때에 시작된 그 '국토건설사업'이었으니 그대로 추진되었다면 지금쯤은 족히 그 과실을 거둘 때가 되지 않았을까 싶어 실로 안타까움을 금할 수 없다.

우리나라와 같은 농업국으로 경제 건설을 도시건설부터 한 나라는 아마 이 세상에 우리나라 하나밖에는 없을 것이다. 우리나라의 경우 나라 경제의 바탕이 농촌이니만큼 당연히 그 농촌부터 일으켜야 된다. 농촌이 부유해진 후에 그 과실로써 도회 건설을 하든지 공장을 짓든지 하는 것이 순서다. 전후 일본, 대만, 이스라엘 같은 나라가 모두 그런 순서로 시작하여 오늘날 부를 누리고 있다. (……) 미국이 오늘날 세계의 공업국으로 부를 누리고 있지만 그 기초는 농사부터 시작하였음은 물론이며 남부의 목화농사가 아니었던들 절대로 오늘의 미국은 있기 어려웠을 것이다. (……) 경제 개발도상에 있는 나라는 공업화보다도 오히려 먼저 농촌의 부유화를 위한 강력한 시책이 최상의 방법이 되는 것이다.

— 장준하, 〈사상계지 수난사〉, 《씨알의 소리》, 1972년 6월

이 국토건설사업 중 일부분 특히 장준하가 주안점을 두었던, '기

간 엘리트 양성을 통한 농촌구제'라는 구상은 청년시절인 1930년대 안창호의 이상촌건설운동이나 수양동우회의 농촌협동조합운동을 연상케 한다. 장준하의 근대화의 이상이 농촌을 기반으로 교양 있는 엘리트들이 계몽되는 점진적인 것이었다면, 1970년대 농촌의 현실을 목도하면서 박정희 정권의 효율성에 기반한 재벌과 중화학, 수출 중심의 고속 산업화만을 의미하는 근대화를 비판하지 않을 수 없었을 것이다.

그런데 장준하는 이런 인식을 사회적으로 크게 이슈화하지는 않았다. 이미 1970년을 전후로는 경제학계에 종속이론 등이 소개되면서 외자 중심의 자본 도입 방식이나 대외의존도가 심화되는 경제현실을 우려하는 지식인들의 목소리가 높아지고 있었다. 또 이런 고속 산업화의 또 다른 제물이었던 노동자 전태일의 분신사건이 있기도 했다. 그러나 당시 한국이 당면했던 경제적 사안들에 집중하기 어려울 만큼 극적인 사건이 남한의 시민사회, 특히 지식인 사회를 뒤흔들었다.

바로 몇 십 년 동안 지속된 냉전 인식을 뒤엎은 7·4 남북공동성명이었다. 여기에 장준하는 어떻게 대응했을까? 또 그의 이전의 통일관은 어떻게 변화하고 있었을까?

모든 통일은 선하다

1962년 한 일간지에 장준하는 자유로운 정당활동을 요청하면서 "4·

19혁명이 독선과 부패에 휩쓸려 있던 구질서에 대한 신세대의 반항이었고 그 정신의 신장 완성을 꾀해 이루어진 것이 군사 혁명"이라는 표현을 쓰기도 하였다. 그러나 5·16 쿠데타 세력이 민정이양을 번복한 1963년부터 〈민정은 민간인에게〉, 〈군사 쿠데타와 남미의 빈곤〉 등 비판적 기사를 싣기 시작했고 그 후 4, 5, 6월호부터 교묘한 방식의 반품, 수차례의 세무조사에 시달리게 되었다. 결국 박정희가 대통령 선거에 입후보하자 장준하는 이때부터 박정희의 '민족적 민주주의'를 비판하는 대중 연설가가 되었다. 특히 한일회담 문제로 《사상계》는 "한일회담 반대 시위의 교본"이 될 정도였는데 1964년 6월 3일 4개 사단 병력이 서울에 투입된 비상계엄 아래서 장준하는 55일간 피신을 다니기도 했다. 폐간을 막으려고 겨우 납품본만을 찍을 수 밖에 없는 상황에서 장준하는 1966년 8월에, 한일기본조약체결 반대투쟁을 단일화하기 위해 제1야당인 민정당과 제2야당인 민주당이 통합한 민중당에 가입함으로써 정계에 들어갔다. 그후 1966년과 1967년 "밀수 왕초", "공산주의자" 등 숱한 박정희를 비판하는 연설로 체포, 구속, 기소를 반복하다가 1967년 국회의원 선거에서 신민당 후보로 옥중 당선되었다. 국회의원 시절 장준하의 통일관은 공산주의자를 대물화한 것 같은 냉전주의적 시각이었다.

문제점은 예비군에게 무기가 지급될 때에 더 한층 심각해진다. 내가 알기로는 대전형무소에는 과거 공산당과 관련이 되었던 사람이 수감되어 있는 것으로 안다. 그런데 재판을 거쳐서 언도된 그 형기를 마치고 나온 사람들이 형을 다 마쳤다고 해서 완전히 사상이 건전한 대한민국 국민이 되었느냐 하는 문제가 대두한다. 또 그들이 지금 어느 지역에 어떤 형태로 분포되어 있느냐 하는 것도 고려의 대상이 아니 될 수 없다. (……) 그 잠재적인 공산 세력이 숨어 있는 한, 예비군의 무장은 지극히 위험한 처사가 아니냐? (……) 간첩이나 간첩 활동에 연관된 자가 기생 또는 출몰할 수 있는 거점이 완전히 소탕되지 아니하였다는 사실은, '잠재 공산세력이 소탕되지 못한 상태'를 의미할 수도 있다. 이것은 예비군의 무장에 앞서 또는 하나의 해결되어야 할 시급한 문제가 아닐 수 없다.

― 장준하, 〈향토예비군 무장의 선행 조건〉, 《신동아》, 1968년 7월

우리 헌법에는 우리 국토를 '한반도와 그 부속도서'라고 명백히 규정하고 있다. (……) 그렇게 볼 때 우리는 현재 우리 국토의 약 반에 해당하는 부분만을 방위하고 있다고 볼 수밖에 없으며, 우리는 국토방위의 의무를 반밖에는 못 하고 있다는 결론이 나오는 것이다. 실질적으로 우리 대한민국 국토의 반은 공산괴뢰 집단에게 강점을 당하고 있는 것. (……) 통일을 이룩하여 한반도 전역을 대한민국의 주권과 행정 하에 두고 이를 방위할 수 있을 때, 또는 그러한 우리의 태세가 갖추어졌을 때 비로소 국토방위에 만전을 기한다고 할 수 있는 것.

― 장준하, 〈국토방위와 정신무장〉, 《사상계》, 1968년 8월

국회의원으로서 장준하는 비전향장기수들이 인간으로서 사상의 자유조차 없으며 잠재적 공산세력이라는 견해를 피력하고 있다. 또 통

일은 '한반도 전역을 대한민국의 주권과 행정'으로 흡수 통일하는 방식을 제기했다. 장준하뿐만 아니라 남북한 간 체제경쟁이 절정에 달한 1960년대에는 1964년 6·3항쟁 배후 조종 혐의로 찍힌 '인민혁명당사건', 1968년 '통일혁명당 사건' 등의 대형 조직 사건으로 지식인층이 크게 위축되어 있었고, 1968년 청와대기습사건, 울진 삼척무장공비침투사건 등으로 인해서 대북인식이 상당히 악화된 상황이었다.

그런데 1972년 남한 사회를 뒤흔든 7·4 남북공동성명을 계기로 그의 통일관과 대공산관은 전격적으로 변화한다.

> 모든 통일은 좋은가? 그렇다. 통일 이상의 지상 명령은 없다. 통일로 갈라진 민족이 하나가 되는 것이며, 그것이 민족사의 전진이라면 당연히 모든 가치 있는 것들은 그 속에 실현될 것이다. 공산주의는 물론 민주주의, 평등, 자유, 번영, 복지 이 모든 것에 이르기까지 통일과 대립하는 개념인 동안은 진정한 실체를 획득할 수 없다. 모든 진리, 모든 도덕, 모든 선이 통일과 대립하는 것일 때는 그것은 거짓 명분이지 진실이 아니다. (……) 그것은 현재의 우리, 현재의 나의 희생을 요구함을 깨달아야 한다. (……) 조금이라도 분단 체제 때문에 누리고 있는 것이 있다면 그것은 나의 것 우리의 것이 아니며 언젠가 민족 앞에 희생해야 할 것이다. 이 위대한 희생을 거름으로 민족 통일은 이루어지고 통일 조국은 새롭게 자라날 것이다. (……) 그 현실적인 단계로 지금 일컬어지는 복합국가론(複合國家論) 같은 것은 신중하게 검토되어야 하며, 이것은 또 외형의 문제고 내부 체제에 있어서 복합사회라고 할 제(諸) 제도와 체제의 병존 같은

사회 체제도 연구되어야 할 것이다. 이것은 아마도 동서 양 진영이 아니라 제3세계 또는 이스라엘의 사회체제에서 교훈을 얻을 수 있을 것이다.

― 장준하, 〈민족주의자의 길〉, 《씨알의 소리》, 1972년 9월

자유나 민주주의보다 통일의 가치가 우선한다는 것인데, 통일방법론에 있어서도 '복합국가론'으로 사회 내의 제도와 체제 병존까지 고려 대상으로 두고 있다. 그의 통일론과 대공산관만이 변한 것이 아니라 장준하는 자신이 겪은 역사상까지 철저히 다시 세운다.

나 자신 임정의 일원으로 해방 후에 환국했지만 임정을 독립투쟁의 주역으로 볼 수 없고 독립투쟁의 전략의 하나로 규정하고 평가를 시작해야 한다. (……) 건준은 몽양을 중심으로 한 8·15 해방 전의 항일운동체인 건국동맹과 농민동맹의 모체, 민족 해방을 주체적으로 맞으려는 기민한 대책이었다. 몽양을 비롯한 국내 항일세력이 항일운동 과정에서 획득한 전진적 확신의 표현, 송진우 일파가 동조하지 못한 것은 일제 식민지에서 식민지 체제에 편입돼 있었던 지주 친일세력으로서 도덕적 파경의 표시였다. 건준은 최초의 국내외 세력의 통일전선구축이라는 측면에서 높이 평가해야 한다. (……) 지나치게 인물 중심으로 종파가 갈렸고 이런 파벌은 미점령군의 분할 통치의 일환임을 자각하지 못했다.

― 장준하, 〈민족통일 전략의 현단계〉, 강연 초안, 1973년 7월 4일

김구와 여운형, 송진우, 건준에 대한 장준하의 재평가는 71년 발

1973년 9월 함석헌이 경영하는 충남 구화 고등 공민학교에 들러 교직원들과 함께했다. (장준하 기념사업회 제공)

간된 《돌베개》와 비교했을 때 충격적일 정도다. 그가 자신이 실제로 겪고 수십 년을 자신의 세계관으로 믿어왔던 역사적 신념들을 모두 뒤바꾸는 이 작업을 하도록 추동한 것은, 정부가 주도한 7·4남북공동성명이 결국 그해 10월 17일 사무실의 쿠데타로 불리는 유신체제의 성립으로 마무리되는 현실을 목격했기 때문이다. 그리고 이런 사태를 예견하지 못한 자신에 대한 깊은 반성에서 나온 것이었다.

이후 장준하는 민족통일운동의 일환으로서 민주화운동에 더욱 헌신한다. 정당인이면서도 동시에 3선 개헌 반대 범국민투쟁위원회(1969), 민주수호국민협의회(1971) 등 재야운동에 일익을 담당했던 장준하는 1973년 11월에 함석헌, 백낙준, 유진오 등 재야인사 30명 명의로 된 개헌 청원 백만 인 서명 운동을 벌이고 그 선언문을 발표했다.

30인은 오늘의 모든 사태가 궁극적으로 민주주의를 회복하는 문제에 귀

긴급조치 1호 최초 위반자로 법정에 선 장준하.

3선 개헌 반대 시위에 앞장선 장준하.

착된다는 데 뜻을 같이 했다. (……) 경제의 파탄, 민심의 혼란, 남북 긴장의 재현이란 상황 속에서 학원과 교회, 언론계와 다구에서 울부짖는 자유화의 요구……. 현행 헌법은 그 개정발의권이 사실상 대통령에게만 속해 있는 것이다. 이에 우리 국민은 개정발의권으로부터의 소외를 극복하고 우리를 천부의 권리를 제시하는 방법으로 대통령에게 현행 헌법의 개정을 요구하는 백만 인 청원운동을 전개하는 바이다. 이 운동은 우선 우리들 모두의 집안에서부터 시작하여 학원과 교회 그리고 각 직장과 가두에서 확대되기를 바란다.

— 〈개헌 청원 서명운동〉, 《중앙일보》, 1973년 12월 24일

이 개헌 서명 운동으로 장준하는 긴급조치 1호 최초 위반자로서 비상군법회의 법정에서 최고형 15년, 자격정지 15년형을 선고받았다. 1년여의 수감생활 뒤 신병으로 형집행 정지가 되었을 때도 출감하자 곧 민주헌법 발의를 촉구하는 '대통령에게 보내는 공개 서한'을 발표하고, 1975년에는 민주회복과 개헌운동을 위한 범야당단일화를 추진하다 8월 결국 등산길에서 시신으로 발견된다.

근대 국가 형성의 돌베개가 되다

7·4남북공동성명 이후 장준하는 통일운동의 일환으로 민주화운동에

매진했다. 그 과정에서 민생파탄이나 빈부격차 등을 지적하기는 했지만 대체로 박정권 개인의 결단을 요구하는 방식에 머물러 있었다. 1970년대 중반 이후 지식인과 노동운동, 농민운동이 결합되기 시작할 무렵 그가 어떻게 대응했을지, 그의 죽음이 더욱 안타까워지는 대목이다.

세계의 어느 나라든 대체로 근대 국가의 형성기에 많은 국가들이 피로 물든 내전이나 통일전쟁 등을 치렀다. 더구나 식민지로서 제국주의 국가의 폭력적이고 군사적인 지배를 받았던 국가들은 해방 후 제국주의 지배자에게 배운 또 다른 지배 정권의 폭력 위에 자국을 세우기도 했다. 이때 꿈꾸던 민족 전체의 이상향을 세우리라는 약속은 대부분 선진국에 버금가는 경제를 건설할 때까지로 유예되기 일쑤였다. 이 완결되기 난만한 민족적 희망은 흔히 당대 근대 국가 권력을 쥔 세력들이 그 민족 성원들 각각에게 권력을 나누거나 경제적 평등을 늦추는 방패막이 되곤 했다. 그 과정에는 그 민족주의의 약속이 공수표가 되지 않기를 촉구하는, 기득권자들에게는 종종 이상주의자라고 폄하당하는 이들이 있게 마련이다.

장준하는 식민지시기 우익 민족주의의 영향을 받아 해방 이후 그 이상을 지키고 실현하기 위해 부단히 노력한 대표적 인물이었다. 이승만 정권기에 감시자 구실을 자임했다면 박정희 정권기에는 비판자로서 스스로 돌베개를 벤 민족주의자가 되었다. 세계화가 전 지구적으로 진행된 21세기에도 여전히 그가 회고되고 있는 것은 끊임없이 자신을 성찰했던, 그래서 민족주의의 내용이 바뀌지 않으면 그 이상(理想)이 더 이상 실현되지 않으리라는 것을 깨달은 시점에서 자기 평

장준하의 의문의 죽음을 안타까워하며 애도하는 동지들.

생의 경험적 방법론을 전변시킨 그 철저함과 진정성 때문이 아닐까?

7·4성명이 있었던 것이 불과 일 년 전 일이다. 이 성명이 나오자 순진하게 기뻐 날뛰던 민중의 환호가 아직 귀에 쟁쟁하다. (……) 이제 와서 생각하면 7·4성명은 사실 한 장의 휴지에 지나지 않았음이 밝혀졌다. 그러나 이것을 놓고 날뛰던 나 장준하, 이제 나도 내 일생 중에서 가장 위험한 시련에 맞서게 되었음을 직감하지 않을 수 없다. (……) 60 고비를 바라보는 지금 나는 이 희한한 민족사의 변전 앞에 보람보다는 일제 하에서보다 더 암울한 곤혹을 느낀다. 왜 이 사태를 간파 못 했고, 왜 이 사태에 대처 못 했고, 왜 이 사태에 대항할 민중을 일으키지 못했는가.

— 장준하, 〈민족 통일 전략의 현 단계〉

2

김병로_대한민국 초대 대법원장, 법 정신을 바로 세우다

민주주의 상식에 충실했던
민족주의자,
한국 보수주의의 모범이 되다

김병로는 독립운동가들뿐만 아니라 식민지 체제 아래서 고통받는 민중들을 보호하고 옹호하려고 노력했다. 지주의 착취와 횡포에 시달리던 소작인들, 열악한 환경 속에서 일할 수밖에 없던 노동자들, 뿌리 깊은 사회적 차별을 당하던 백정들, 부당하게 삶의 터전을 빼앗긴 화전민들의 저항이 있는 곳에 김병로는 달려갔고 그 사람들을 변호했다.

오제연 : : 서울대학교 국사학과 강사

김병로
1887~1964

김병로는 1887년에 조선시대 내내 깨끗한 선배와 유능한 관리를 배출한 유학자 집안에서 태어나 유교적인 소양을 쌓으며 자랐다. 열 살도 되기 전에 할아버지와 아버지를 잃었지만, 당시 조선 유학의 최고 권위자였던 전우에게 2년간 지도를 받았다.

1904년부터 김병로는 목포로 내려가 신학문을 배우기 시작했다. 1905년 일본이 '을사늑약'을 통해 조선의 외교권을 빼앗아 실질적으로 조선을 식민지화하자, 분노한 김병로는 한가롭게 공부만 할 수는 없어 고향으로 돌아가 최익현이 이끄는 의병에 참여했다. 청소년기에 일제의 침략을 경험한 김병로는 국가와 민족을 지켜내고자 한 손에는 펜을, 또 다른 한 손에는 무기를 들었다.

이후 김병로는 일제의 압제로 신음하는 동포들을 돕기 위해 변호사가 되기로 결심하고 일본으로 건너가 법학을 공부했다. '경성전수학교' 법률학 조교수와 밀양지방법원 판사를 거쳐 변호사가 된 김병로는 독립운동가들뿐만 아니라 식민지 체제 아래서 고통받는 민중들을 보호하고 옹호하려고 노력했다. 김병로는 변호해야 할 사람이 우익이냐 좌익이냐를 따지지 않았다. 또 기본적으로 공산주의에 동의하지 않았지만 일제에 의해 검거된 수많은 공산주의자들을 변호했다. 당시 조선 공산주의자들의 일차적 목표가 식민지 조선의 독립임을 정확하게 알고 있었기 때문이다.

1945년 해방 이후 좌우합작운동에 나선 김병로는 대한민국 정부가 수립되자 초대 대법원장이 되었다. 김병로는 사법부의 수장으로서 대통령 이승만과 끊임없이 충돌했다. 그러나 강직하고 청렴한 김병로는 이승만의 부당한 간섭과 압력에 당당하게 맞서며 사법부의 독립을 온몸으로 지켜냈다.

국가보안법 폐지를 주장한 반공주의자

2004년, 국가보안법 폐지를 둘러싸고 사회적으로 큰 논쟁이 벌어졌다.

국가보안법이 완전 폐지되면 무슨 일이 벌어지게 될 것인가? 한국 국민이 북한 노동당에 가입하는 것을 법적으로 막을 방법이 없어진다. 한국 내에서 북한 체제와 주체사상을 마음 놓고 전파하는 행위도 제재할 수가 없다. 방송과 신문에 김정일 정권을 찬양하는 프로나 글이 나와도 그만이다. 대학 강의실에서는 물론이고 서울 한복판에 주체사상연구소를 차려 놓고 학생들에게 주체사상을 학습시켜도 말리지 못한다. 전국 주요 도시에 일제히 인공기가 휘날리고 적기가(赤旗歌)가 울려 퍼지는 가운데 김일성 추모 집회가 열려도 경찰이 막을 수가 없다. 주한미군 철수와 연방제 통일을 지지하는 시위가 열려도 속수무책이다.

—《조선일보》, 2004년 9월 8일

한 보수 신문에 실린 사설이다. '생각만 해도 섬뜩한 이야기다. 국가보안법이 없는 대한민국은 상상하기도 겁이 난다.' 한국의 보수주의자들은 이런 방식으로 국민들을 협박하면서, 국가보안법 폐지론자들을 좌파, 즉 '빨갱이'로 낙인찍었다. 국가보안법을 폐지해도 대한민국의 안전을 위협하는 행위를 얼마든지 처벌할 수 있다는 주장은, 이들이 보기에 빨갱이의 전형적인 속임수일 뿐이다.

특수한 법률로 국가보안법 혹은 비상조치법을 국회에서 임시로 제정하신 줄 안다. 지금 와서는 그러한 것을 다 없애고 이 형법만 가지고 오늘날 우리나라 현실 또는 장래를 전망하면서 능히 우리 형벌법의 목적을 달성할 수 있겠다는 고려를 해 보았다. 지금 국가보안법이 제일 중요한 대상인데, 이 형법과 대조해 검토해 볼 때 형벌에 있어서 다소 경중의 차이가 있을지도 모르나, 이 형법만 가지고도 국가보안법에 의해 처벌할 대상을 처벌하지 못할 조문은 없다고 생각한다.

— 김병로, 〈국회연설〉, 1953년 4월 16일

역사에 무지한 보수주의자들은 국가보안법을 폐지해도 형법으로 얼마든지 대체가 가능하다는 이 주장에 대해서도 주저하지 않고 빨간 딱지를 붙일 것이다. 그러나 이 말을 한 사람이 누구인지 아는 사람이라면 주저하지 않을 수 없다. 왜냐하면 이 말은 한국전쟁이 아직 끝나지 않은 1953년 4월, 당시 대법원장이던 김병로(金炳魯)가 국회에서 직접 한 말이기 때문이다. 그렇다면 김병로는 대한민국 대법원장의 탈을 쓴 빨갱이였던가? 김병로가 국가보안법 폐지를 주장하기 바로 직전인 1952년 12월에 행한 인권기념일 기념사는 이런 의심이 얼마나 터무니없는가를 잘 보여 준다.

> 이러한 인류의 적이며 국제 정의의 악마인 공산주의 침략 도배를 국제 연합(UN)의 정의의 깃발 아래 철저한 응징을 가하여 집단 안전 보장의 실천 역량을 발휘함으로써만 국제 헌장을 수호할 수 있고, 인류의 자유 평화를 이룩할 수 있는 것입니다. 만일, 이러한 공산주의자들의 발악적 만행을 방임하여 시일을 지연한다면, 시기의 장단(長短)은 있을망정 우리 인류는 결국 멸망에 이르고 말 것입니다.
>
> — 김병로, 〈인권기념일 기념사〉, 1952년 12월 10일

한국전쟁으로 인해 남북 상호 간의 증오와 갈등이 지금과는 비교할 수 없을 정도로 컸던 그 시절, 대한민국 대법원장 김병로는 철저한 반공주의 신념에도 불구하고 국가보안법을 폐지하고 형법으로 대체할 것을 주장했다. 반공주의자 김병로는 50여 년이 지나 냉전이 해체되고 남북 화해가 진전된 오늘날에도 빨갱이로 내몰릴 만한 이런 주장을 어떻게 할 수 있었을까? 바로 그 이유를 찾는 과정에서 우리는 한국 보수주의의 모범을 발견할 수 있다.

조선 왕조 명문가의 후예, 인권변호사로 나서다

김병로의 본래 직업은 변호사였다. 그런데 김병로를 부를 때 사람들은 그냥 '변호사'라고 하지 않고 그 앞에 '인권'이라는 말을 붙인다. '인권변호사!' 특별히 인권변호사라는 직업이 따로 있는 것은 아니지만 우리 근현대사에는 인권변호사라고 불리는 사람들이 몇 있다. 《전태일 평전》을 쓴 조영래 변호사와 노무현 대통령은 오늘날 우리에게 가장 잘 알려진 인권변호사다.

김병로는 이런 인권변호사들의 원조. 너도 나도 나서기 마련인 게 원조라는 것이지만 인권변호사의 원조로 김병로를 꼽는 데는 별다른 이견이 없다. 일제 강점기에 김병로가 민족의 독립을 위해 헌신한 독립운동가를 법적으로 보호하고 그들의 정당성을 주장했던 것처럼, 해방 이후에도 인권변호사들은 독재정권에 맞서 인간의 보편적인 자유와 권리를 지키려고 한 사람들을 변호했다. 그렇다면 김병로는 어떻게 인권변호사가 되었을까?

김병로는 음력 1887년 12월 15일 전라북도 순창군 복흥면 하리에서 태어났다. 그의 집안은 조선시대 내내 깨끗한 선비와 유능한 관리를 배출한 유학자 집안이었다. 당연히 김병로는 유교적인 소양을 쌓으며 자랐다. 열 살도 되기 전에 할아버지와 아버지를 잃었지만, 당시 조선 유학의 최고 권위자였던 전우(田愚)에게 2년간 지도를 받았다. 그러나 1904년부터 김병로는 전우를 떠나 목포로 내려가 신학문을 배우기 시작했다. 훗날 김병로는 신학문을 배우게 된 계기를 이렇게 설

전우는 강직한 인품과 높은 학문이 고종에게 전해져 수차례 높은 벼슬에 제수되었으나 끝내 나아가지 않고 학문에 전념했다.

명했다.

그전부터 서울에 여러 해 머무르던 나의 친척 어른들이 현대에는 유학(儒學)에 전념하는 것보다 신학문을 탐구하여야 한다는 가르침도 있었고, 나의 생각에도 막연히 시대가 변화할 것으로 상상되고 시대가 변화하면 학문도 변화할 것이라는 생각에서, 또 하나는 나 자신이 일생을 학문에 진력하여 학업에서 성공하기에 적합하지 않다고 의식됨에 따라, 좌우간 도시에 나가서 대세의 추이를 본 후 결정하겠다는 심정으로 전우 선생을 떠나게 된 것이었다.

— 김병로, 수상 단편, 《경향신문》, 1959년 3월 21일

신학문을 배우기 위해 목포로 내려간 김병로는 먼저 물질문명에서 앞서 간 선진 국가의 말과 글을 배울 필요를 느꼈다. 그래서 친구 네다섯 명과 함께 '일신학교(日新學校)'라는 간판을 걸고 시간 강사를

초청해 영어와 일어 그리고 산수를 강습했다.

그러나 이듬해인 1905년 일본은 '을사늑약(乙巳勒約)'을 통해 조선의 외교권을 빼앗아 실질적으로 조선을 식민지화했다. 이것을 두고 많은 조선인들이 분노했고 김병로 역시 마찬가지였다. 나라의 운명이 위태로운 상황에서 한가롭게 공부만 하고 있을 수는 없었다. 김병로는 고향으로 돌아가 1906년 유명한 항일 유학자인 최익현(崔益鉉)이 이끄는 의병에 참여했다.

1909년 일제의 탄압으로 항일 의병 투쟁이 더는 어려워지자 김병로는 그동안 중단한 신학문에 다시 뜻을 두었다. 우선 담양군 창평에 '창흥학교(昌興學校)'를 설립하고 이 학교 고등과에 입학해 공부했다. 창흥학교 고등과를 마친 김병로는 일본 유학을 결심하고 1910년 마침내 일본 유학길에 오른다. 이렇게 김병로는 청소년기에 일제의 침략을 경험하면서 국가와 민족을 지켜내고자 한 손에는 펜을, 또 다른 한 손에는 무기를 들었다. 강력한 민족의식은 이후에도 김병로의 삶을 이끄는 원동력이 되었다.

1910년 3월 일본으로 건너간 김병로는 니혼(日本)대학 법과 청강생으로 등록해 본격적으로 법학 공부를 시작했다. 그러나 그 과정은 순탄치 않았다. 넉넉하지 못한 집안 형편으로 경제적인 어려움이 컸을 뿐만 아니라 8월에는 나라마저 일본에 강제로 병합되었다. 몸과 마음이 상한 김병로는 일단 학업을 중단하고 귀국했다. 하지만 곧 심기일전해 다시 유학을 준비했다. 장사로 열심히 학비를 모은 김병로는 1912년 3월 일본 메이지(明治)대학 법과 3학년 편입시험에 응시해 합격했다. 그리고 우수한 성적으로 메이지대학 법과를 졸업하고 메이지대학과 주오(中央)대학에서 공동으로 설치한 법률 고등 연구과(지금의 대학원 석사과정)에 입학했다. 훗날 자신이 표현한 것처럼 그때 김병로는 정말 미친 듯이 공부했다. 변호사가 되기 위해서였다.

오늘날에도 많은 사람들이 변호사가 되기를 희망한다. 사법고시에 합격하려고 황금 같은 젊음을 기꺼이 희생하고 있다. 요새는 대학 입학 전부터 사법고시를 준비하는 사람까지 있다고 한다. 그때나 지금이나 변호사만큼 안정적인 수입, 사회적 지위와 명예, 정치적 영향력 등을 함께 누릴 수 있는 직업이 흔치 않기 때문이다. 그렇다면 김병로도 그런 동기에서 변호사가 되려고 했을까? 대답은 물론 '아니오'다.

원래 내가 변호사 자격을 얻고자 했던 것은 생활 직업에 치중한 것이 아니오. 재산을 축적한다는 생각은 추호도 없었으며, 다만 일제의 박해를 받아 비참한 질곡에 신음하는 동포를 위하여 도움이 될 수 있는 행동을 하려 함에 있었다. 변호사라는 직무가 그다지 큰 것도 아니지만, 그 당시의 현실에 있어서 첫째로 가장 우리에게 잔혹하던 경찰도 변호사라면 쉽게 폭행이나 구금할 수 없었고, 둘째로 그 수입으로써 사회 운동의 자금을 충당할 수 있었으며, 셋째로 공개 법정을 통하여 정치 투쟁을 전개할 수 있는 것 등이 우리에게는 한 무기가 될 수 있었다. 뿐만 아니라 나는 생각하기를, 변호사라는 직무가 자기의 생활 직업으로만 하지 아니한다면 인권 옹호와 사회 방위에 실로 위대한 사업이 될 수 있다고 믿었다.

— 김병로, 수상 단편, 《경향신문》, 1959년 4월 3일

김상옥 의사 사건

변호사가 된 이후 김병로는 거의 모든 독립운동 관련 사건을 맡아 수많은 독립운동가를 변호했다. 변호사 활동 초기에 김병로가 맡은 대표적인 사건은 김상옥 의사 사건이었다. 1923년 1월 독립운동 단체인 '의열단' 단원인 김상옥이 종로경찰서에 폭탄을 던진 뒤 도피 중 경찰과의 총격전 끝에 사망한 사건이 일어났다. 이 사건과 관련해 많은 사람들이 체포되어 재판을 받았는데, 김병로가 이 사람들의 변호를 맡았다.

    김병로의 말은 결코 자기 과시나 허풍, 위선으로 들리지 않는다. 그의 삶이 전부 실제로 그랬기 때문이다. 그가 그냥 변호사가 아니라 인권변호사로 불리는 이유도 여기에 있다.

    일본인 교수들도 김병로가 충분히 변호사 시험에 통과할 수 있다고 생각해 그에게 변호사 시험에 응시하라고 권했다. 하지만 일본인 이외에는 일본에서 변호사 시험을 치룰 수 없다는 결정이 있었다. 변호사가 될 수 없는 일본에 더 머물 이유는 없었다. 1915년 7월 그는 주저 없이 귀국했다.

    귀국한 뒤 김병로는 '경성전수학교'(서울대학교 법대의 전신)의 법률학 조교수로 부임했다가, 1919년 3·1운동이 일어나자 학교를 사직하고 밀양지방법원 판사가 되었다. 그리고 1년도 못 되어 판사를 그만두고 1920년 드디어 변호사가 되었다. 3·1운동으로 검거된 수많은 조선인들의 고통은 그가 교수직을 그만두고 판사를 거쳐 변호사가 되는 데 결정적인 역할을 했다. 김병로는 변호사로서 합법적인 독립운동의 길에 나서기 시작했다.

1923년 3월 15일자 《동아일보》 호외. 김상옥 사건의 전모를 밝히고 있다.

> 조선 독립을 희망하는 사상은 조선인 전체가 가진 것이다. (……) 현재 법정에 나온 피고인들이 (……) 2천만 조선 민족이 독립사상을 가진 것과 같은 사상을 가진 것에 지나지 않는 바는 경찰서와 검사국의 기록을 보아도 명백한 사실이다.
>
> ―《조선일보》, 1923년 5월 14일

김병로는 법정이 떠나갈 듯한 카랑카랑한 목소리로, 피고인들은 조선인 전체가 희망하고 있는 독립사상을 가졌을 뿐이며 그렇기 때문에 무죄라고 주장했다. 김병로는 독립운동가를 변호할 때마다 "2천만 민족이 피고이며 원고이다"라는 말을 자주 썼다. 즉 독립운동가가 죄인이라면 그것과 똑같이 조선의 독립을 희망하는 2천만 조선인이 모두 죄인이며, 실제로는 2천만 조선인이 일제의 식민 통치로 인해 고통받는 피해자라는 것이다. 김병로는 종종 법정에서 일제 식민 통치의 잔학성을 강도 높게 비난하다가 판사에게 변론을 제지당하기도 했다.

또한 김병로는 이인(李仁), 허헌(許憲) 등 뜻이 맞는 다른 변호사들과 힘을 합쳐 1923년, '형사공동연구회'를 만들었다. 겉으로는 '연구회'라는 이름을 걸었으나 실제로는 독립운동가를 돕기 위한 일종의 '결사'였다. 김병로를 비롯한 형사공동연구회 소속 변호사들은 그 당시 '치안유지법'(국가보안법의 원조) 같은 악법에 의해 재판을 받는 독립운동가를 무료로 변호했을 뿐만 아니라, 그들에게 사식(私食)을 넣어주고 그들의 가족을 돌보는 일까지 했다. 각자 다른 일반 사건에서 얻은 수입을 개인의 수입으로 하지 않고 전액 형사공동연구회 수입으로 하여 그 비용을 충당했다.

김병로는 독립운동가들뿐만 아니라 식민지 체제 아래서 고통받는 민중들을 보호하고 옹호하려고 노력했다. 지주의 착취와 횡포에 시달리던 소작인들, 열악한 환경 속에서 일할 수밖에 없던 노동자들, 뿌리 깊은 사회적 차별을 당하던 백정들, 부당하게 삶의 터전을 빼앗긴 화전민들의 저항이 있는 곳에 김병로는 달려갔고 그 사람들을 변호했다.

일제 강점기 당시 김병로의 변호사 활동에서 가장 주목되는 특징은 변호해야 할 사람이 우익이냐 좌익이냐를 따지지 않았다는 사실이다. 앞서 언급한 것처럼 김병로는 기본적으로 공산주의에 동의하지 않았다. 그렇지만 김병로는 일제에 의해 검거된 수많은 공산주의자들을 변호했다. 왜냐하면 당시 조선 공산주의자들의 일차적 목표가 식민지 조선의 독립이라는 것을 정확하게 알고 있었기 때문이다. 김병로가 보기에 당시 공산주의자들의 활동은 그 자체가 조선의 독립운동이었고, 그런 의미에서 공산주의자들 역시 민족주의자였다. 비록 좌우의 차이가 있었지만 김병로는 그 차이보다 조선의 독립이라는 공통의 목표를 우선한 것이다.

공산주의자들에 대한 변호에서 더 나아가 김병로는 그들과 힘을 합쳐 독립운동의 역량을 강화하려 했다. 1919년 3·1운동이 있고, 일제는 강압적인 통치만으로는 조선인들을 굴복시킬 수 없다는 것을 깨달았다. 그래서 조선인들 중 일부를 체제에 끌어들여 식민 통치의 안정을 꾀하고자 보다 유연한 자세를 보였다. 이것을 소위 '문화통치'라 한다. 그 영향으로 조선의 민족주의자들 중 일부가 조선의 독립을 포기하는 대신 조선인들의 자치권을 획득하자는 '자치운동'을 전개했다. 자치운동의 확산은 조선의 독립을 목표로 하고 있던 민족주의자들과 공산주의자들 모두에게 큰 위기감을 불러일으켰다.

독립운동의 위기를 돌파할 수 있는 방법은 단결밖에 없었다. 3·1운동 이후 우파 민족주의와 좌파 공산주의로 갈라진 조선의 독립운동 세력들은 자치운동에 대항해 힘을 모으기 시작했다. 그 결과 1927년 좌우가 연합한 민족통일전선 조직인 '신간회'가 결성되었다. 신간회 활동에 적극적으로 나선 김병로는 훗날 그 결성 취지를 이렇게 설명했다.

우리들은 이러한 상태를 우리 독립운동의 일대 위기라고 인정, 각 단체

신간회

1920년대 후반, 좌우익 세력이 합작해 결성한 대표적인 항일단체로 '민족 유일당 민족협동전선'이라는 표어 아래 민족주의를 표방하고 민족주의 진영과 사회주의 진영이 제휴해 창립한 민족운동단체다. 안재홍(安在鴻)·이상재(李商在)·백관수(白寬洙)·신채호(申采浩)·신석우(申錫雨)·유억겸(俞億兼)·권동진(權東鎭) 등 34명이 발기했다.

내부적으로 좌우익의 갈등은 있었지만, 신간회는 민족적·정치적·경제적 예속의 탈피, 언론·집회·결사·출판의 자유의 쟁취, 청소년·여성의 평형운동 지원, 파벌주의·족보주의의 배격, 동양척식회사 반대, 근검절약운동 전개 등을 활동 목표로 삼아 전국에 지회(支會)와 분회를 조직하며 세력을 확장해 나갔다. 1930년에는 전국에 140여 개의 지회와 3만 9천여 명의 회원을 확보했으며, 일본에까지 조직된 각 지회를 중심으로 활동을 전개했다. 일본의 《고등경찰요사(高等警察要史)》는 '배일선인(排日鮮人) 중 저명한 인물은 거의 여기에 가입하였고, (……) 이들이 집회 등에서 하는 언동으로 보아 이 운동의 도달점은 조선의 독립에 있음을 알 수 있다'라고 당시 신간회의 성격을 규정하고 있다.

> 간부들 사이에 연락을 은밀히 하여 협의를 거듭한 결과 민족주의와 공산주의가 그 이념을 달리하고 그 목적이 상반된다 할지라도, 우리 조선의 현실에 있어서 독립을 쟁취하지 아니하고는 민족주의와 공산주의 이론은 공염불에 불과한 것이니, 양자의 논쟁은 독립을 쟁취한 후 국민 총의에 의하여 결정하기로 하고, 우선 우리 조선을 일본의 기반으로부터 이탈될 때까지는 민족의 총역량을 집합하여 항일 투쟁을 강화하자는 결론에 일치를 보았던 것이다. 그 결과 민족 단일당의 성격을 가진 신간회를 결성하기에 이르렀던 것이다.
>
> — 김병로, 수상 단편, 《경향신문》, 1959년 4월 8일

결성 이후 신간회는 조선인들의 권익을 보호하고 독립운동의 역

광주학생항일운동

1929년 11월 3일 광주에서 일어난 학생들의 항일투쟁운동이다. 3·1 운동 이후 일제는 항일의식을 약화시키기 위해 문화 정책을 펴기 시작했는데, 표면적으로는 이전의 무력적 탄압에 비해 너그러운 듯하나, 사실은 한민족의 반항정신을 소모시키는 가장 지능적인 통치 방법이었다. 이때 1926년 11월 3일 광주고보·광주농업학교·전남사범학교 재학생을 중심으로 한 학생단체인 성진회(醒進會)가 왕재일·장재성 등의 주도로 조직되었다가 1927년 10월 해산하고, 11월 같은 회원들을 중심으로 독서회 중앙본부를 결성했다. 이 독서회에는 각 학교의 재학생은 물론 졸업생과 신간회 등의 사회단체들까지도 참여했고, 광주고보·광주농업학교·전남사범학교·광주여고보(光州女高普)·목포상업학교의 독서회가 가입되어 있었다. 성진회나 독서회 중앙본부는 항일투쟁 단체로서 총독부에 대하여 식민지교육을 즉각 중지하고, 각 학교에서 한국의 역사와 언어를 가르치며 사회과학연구를 활발하게 할 것을 주장했으며, 여러 학교에서 동맹휴학을 하도록 지도했다. 그렇게 해서 1926~1928년 여러 차례 동맹 휴학 사건이 일어났다.

식민지 교육을 지양하고 한국인을 위한 교육을 실시하라는 학생들의 요구에 대하여 학교 당국과 도(道) 학무과 등에서는 요구 조건의 수용 없이 학생들을 정학·출학·퇴학시켰고, 체포·구속까지 했다. 이런 험악한 정세 속에서 일본인 남학생들의 조선인 여학생 희롱 문제가 발단이 되어 광주학생운동이 일어나게 되었다.

량을 강화하기 위해 많은 활동을 했다. 특히 1929년 11월 '광주학생항일운동'이 발생하자 신간회는 즉각 이 문제에 개입했다. 김병로는 신간회 간부로서 광주로 내려가 진상을 파악하고 조선인 학생들을 변호했다. 학생들의 동맹휴학과 시위가 전국적으로 확산되자 학생들을 지원하기 위해 민중대회를 개최하려 했는데, 이때 간부들이 검거되기도 했다.

1930년 11월 김병로는 신간회의 대표인 중앙집행위원장에 취임했다. 그러나 이때는 이미 신간회 내에서의 민족주의자들과 공산주의자들 사이의 갈등이 커진 시기였다. 공산주의자들은 신간회 내에 자치론을 주장하는 사람들이 들어온 사실과 신간회가 계급운동과 계급의식에 나쁜 영향을 미친다는 이유를 들어 신간회의 해체를 주장했다. 반면 김병로는 신간회 운동을 통해 각 계급의 힘을 합해야 하며, 만약 계급의 이익에 입각한 투쟁만을 앞세워 신간회를 없애고 만다면 독립운동 전선은 그대로 붕괴될 것이라면서 해체를 반대했다. 결국 신간회는 1931년 공산주의자들의 주장에 따라 해체되었지만, 김병로는 해방 이후에도 좌우 합작을 통한 민족의 단결과 통일을 계속 주장했다.

이처럼 김병로는 변호사로서 일제의 식민 통치로 고통받는 조선인들과 조선의 독립을 위해 싸우는 독립운동가를 위해 헌신했다. 김병로에게 신분의 높고 낮음과 사상의 좌우는 문제가 되지 않았다. 특히 신간회 활동은 조선의 독립을 위해 일제와 타협을 거부하고 좌우를 아우른 적극적인 독립운동이었다. 김병로가 인권변호사의 원조인 까닭은 여기에 있다. 그렇다면 김병로가 이렇게 인권변호사로 활동할 수 있었던 힘은 어디서 비롯되었을까? 그의 강력한 민족의식과 더불어 청렴하고 강직한 성품이 밑바탕에 깔려 있었기 때문이 아닐까.

청렴할 자신이 없으면 법원을 떠나라

'청렴'과 '강직'. 김병로의 삶을 말할 때 가장 자주 언급하는 단어다. '청렴'의 사전적 의미는 "성품과 행실이 높고 맑으며 탐욕이 없다"는 것이지만, 일반적으로는 물질, 특히 돈에 욕심이 없이 깨끗한 것을 의미한다. 김병로를 제외하고도 우리 역사에서 청렴한 성격 때문에 존경받는 인물들이 종종 있다. 고려 말 최영 장군은 "황금 보기를 돌같이 하라"는 명언 한마디로 청렴의 상징이 되었고, 조선시대 황희 정승은 청백리(淸白吏), 즉 청렴한 관리의 모범이었다.

그러나 청렴하다고 해서 무조건 돈을 싫어하는 것은 아니다. 김병로의 경우도 마찬가지다.

> 금전이란 비루한 것이지만, 아무리 훌륭한 사업이라도 이것을 성취하려면 소요되는 금전이 없어서는 안 되는 것이므로, 어떤 사업을 운영하려면 먼저 소요 경비를 정확하게 책정해야 한다. 만약 한두 사람이 전적으로 경비를 책임질 각오가 없다면 사업은 중도에 경비 문제로 침체되거나, 그렇지 아니하면 불의의 재화를 얻는 데 몰두하여 그 사업에 대한 굴욕과 세상 사람들의 모멸을 초래할 것이다. 그러기에 나는 항상 생각하기를 '의롭지 못한 재화를 취하여 훌륭한 사업을 한다는 것은 그 사업의 본연성을 모독하는 것'이라고 한다.
>
> — 김병로, 수상 단편, 《경향신문》, 1959년 4월 10일

이 말은 돈에 대한 김병로의 생각은 물론, 평생 김병로가 걸어온 길을 잘 설명한다. 그는 돈 없이는 어떤 일도 할 수 없음을 잘 알고 있었다. 그래서 더더욱 돈에 대한 '책임'을 강조했다. 돈에 대한 책임감이 없으면 일이 제대로 진행되지 않거나 불의와 타협할 수밖에 없기

김병로 생가. 일제와 타협하지 않고 모든 것을 버림으로써 신념을 지킨 김병로의 삶이 엿보인다.

때문이다.

그는 기꺼이 돈에 대한 책임을 졌다. 인권변호사로서 식민지 조선의 독립을 위해 애쓰는 사람들을 위해 일했을 뿐만 아니라, 자신의 재산도 아낌없이 내놓았다. 서대문에 있던 그의 집에는 아침저녁으로 많은 동지들이 드나들었는데 김병로는 그들의 식사 값을 해결하기 위해 집을 팔기까지 했다. 경찰의 수배를 받는 독립운동가들이 몰래 집으로 찾아오면 도피를 위한 자금도 지원했고, 독립운동가의 가족이 굶주린다는 소식을 들으면 소문내지 않고 도움을 주었다. 신간회의 경비 중 많은 부분도 지원했다.

김병로가 1930년대 중반부터 농촌으로 내려가 농사를 지은 것도 불의와 타협하지 않기 위한 방편이었다. 1931년 일제는 만주지역을 침략해 괴뢰국인 '만주국'을 세웠다. 이때부터 일제의 군국주의 팽창이 본격화되어 식민지 조선에 대한 억압도 더욱 강해졌다. 조선의 많은 민족주의자들은 탄압과 회유에 넘어가 일제에 협력했다. 해방 직후 친일파 청산이 제대로 이루어지지 못해 이들의 협력 문제는 오늘날까지 계속 논란이 된다. 그러나 김병로는 이 문제에서 자유롭다. 일제에 협력하지 않고는 이전처럼 살아가기 어려워지자 미련 없이 모든 것을 버리고 농촌으로 내려가 닭과 돼지를 기르며 농사를 지었기 때문이다.

김병로의 청렴한 삶은 강직한 책임감에서 비롯되었다. 그는 농사를 지으면서도 틈틈이 독립운동가를 변호했지만 공적(公的) 활동을 최대한 자제하며 은둔에 들어갔다. 일제에 협력해 조선의 독립이라는 신념과 지조를 꺾기보다는 스스로 모든 것을 버림으로써 그 신념과 지조를 지키려고 한 것이다.

또한 사회 지도자로서 자신이 일제에 협력했을 때 감당해야 할 책임을 무겁게 생각했다. 당시 많은 조선인 지도자들은 자신의 부와 권력과 명예를 지키기 위해 일제의 수탈과 통제에 협력하고 조선의 젊은이들을 전쟁터로 내몰았다. 그러나 자의든 타의든 일제에 협력했던 대다수 사람들은 해방 이후에도 한마디 반성 없이 온갖 변명으로 자신의 행위를 합리화하면서, 일제에 협력해 지키거나 얻은 부와 권력과 명예를 그대로 누렸고 평생 자신의 행동에 어떤 책임도 지지 않았다. 그 결과 "친일파 집안은 삼대가 흥하고 독립운동가 집안은 삼대가 망한다"는 말이 해방 이후 우리 사회의 상식으로 자리 잡았다.

하지만 김병로는 일제에 협력하지 않으려 은둔에 들어감으로써 사회 지도자로서 자신의 행동에 책임을 졌다. 비록 적극적인 독립운동은 아니었지만 모든 것을 버리고 농촌에 내려가 자신의 신념과 지조를 지킴으로써 김병로는 당시 사회 지도자들은 물론 오늘날 한국의 보수주의자들에게 좀처럼 찾기 어려운 노블레스 오블리주(noblesse oblige), 즉 높은 사회적 지위에 상응하는 도덕적 의무와 책임감을 분명하게 보여 줬다.

김병로의 청렴하고 강직한 성품은 해방 이후에도 얼마든지 발견할 수 있다. 대법원장 시절 김병로는 법관들에게 항상 청렴을 강조했다.

> 현실을 보면 세상의 모든 권력과 금력과 인연 등이 우리들을 둘러싸고 우리들을 유혹하며, 우리들을 바른길에서 벗어나도록 얼마나 많은 노력을 하고 있는가를 알 수 있습니다. 만약 내 마음이 약하고 내 힘이 모자라서 이와 같은 유혹물들에게 유혹을 당하게 된다면 인생으로서의 파멸을 의미할 뿐만 아니라, 법관의 존엄성으로 비추어 보아도 도저히 용인할 수 없는 심각한 문제라고 아니할 수 없습니다.
>
> ― 김병로, 〈법관 회동 훈시〉, 1954년 3월 20일

김병로 대법원장은 '법관은 청렴 제일주의로 살아야만 한다'고 전제하면서 (……) '만약에 사법관의 월급으로 살아갈 수가 없다면 차라리 그 자리를 떠나서 개인으로 돌아가 자기의 생활 안정을 위해 힘쓰는 것이

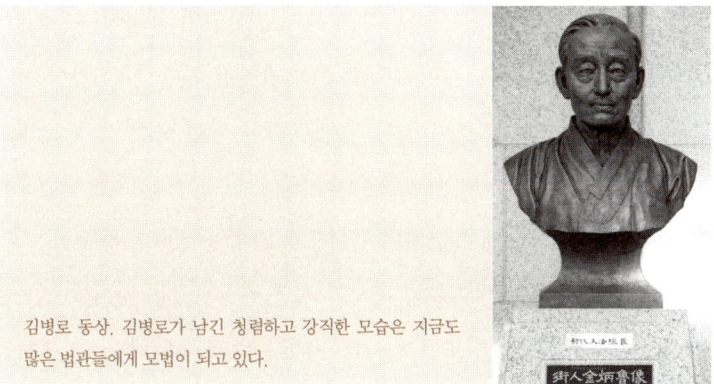

김병로 동상. 김병로가 남긴 청렴하고 강직한 모습은 지금도 많은 법관들에게 모범이 되고 있다.

마땅하다'고 준열한 훈시를 하였다.

—《동아일보》, 1954년 10월 13일

'청렴할 자신이 없으면 법원을 떠나라'는 김병로의 말은 공허한 빈말이나 무식한 협박이 아니었다. 그는 사법부가 국민들의 신뢰를 얻기 위해서는 무엇보다도 법관이 청렴해야 한다는 확신을 굳게 가지고 있었다. 법관이 외부의 압력이나 물질의 유혹에 휘둘린다면 공정한 재판을 할 수 없기 때문이다. 청렴은 법관의 생명이자 의무였다.

대법원장 김병로는 자신이 몸소 청렴을 실천했다. 1956년 겨울 경남 진주에서 근무하던 한 판사는 한국전쟁 당시 많은 손상을 입어 비바람도 가리지 못하는 법원 청사의 보수를 요청하기 위해 대법원장 김병로를 찾았다. 그러나 대법원장실에 들어서는 순간 그는 놀라지 않을 수 없었다. 추운 겨울인데도 대법원장실에는 난로가 없었고, 단지 김병로 옆자리에 있는 화로의 숯불이 전부였기 때문이다. 조그마한 화롯불로 추위를 이기며 집무하는 대법원장 앞에서 그 판사는 자신이 근무하는 지방법원의 청사 문제를 감히 꺼낼 수 없었다. 김병로는 기름 난방 시설이 되어 있던 대법원장 관사에서도, 다른 법관들과 공평을 유지하기 위해 톱밥이나 연탄으로 난방을 했다고 한다.

한번은 어느 지방법원의 판사가 적은 월급으로는 자녀들 교육비도 감당할 수 없어 김병로에게 사표를 내러 온 적이 있었다. 그 판사의 딱한 사정을 들은 김병로는 매우 미안한 표정을 지으면서 "나도 그렇게 지내고 있어. 어지간하면 견디면서 함께 고생해 보는 게 어떨까. 한번 잘 생각해 주게"라며 간곡하게 만류했다. 김병로의 간곡한 만류에 그 판사는 결국 사표를 내지 않았다.

그 밖에도 대법원장 재임 10년 동안 결재를 위해 반 토막 난 도장 하나만을 사용한 것이나, 말년까지 화장실에서 휴지 대신 신문지를 사용한 것, 그리고 담배 한 개비를 두 토막으로 잘라 피운 것, 손자·손녀에게 꼭 국산품만 사 준 것 등 김병로의 절약 정신을 보여 주는 일화는 수없이 많다. 또한 공과 사를 분명하게 구분해, 대법원장에게 지급된 차를 가족들은 절대로 타지 못하게 했고, 조카가 소송 중에 있었을 때는 집에 놀러 오지도 못 하게 했으며, 명절에 들어오는 선물은 모두 돌려보냈다.

대법원장이 몸소 청렴을 실천하자 법관들은 도저히 따르지 않을 수 없었다. 김병로의 솔선수범은 그에게 엄청난 권위를 부여했다. '권위'란 총·칼 같은 무력이나 상대방을 압도하는 카리스마로 만들어지는 것이 아니다. 자신의 행동에 책임질 줄 아는 지도자의 솔선수범만이 진정한 권위를 만든다. 권위주의가 오랫동안 지속되었음에도 불구하고 한국에 존경받는 지도자가 드문 이유도 여기에 있다.

대법원장 김병로의 청렴·강직한 모습은 행정부와의 관계에서도 잘 드러났다. 예나 지금이나 많은 공공기관들은 예산이 남을 경우 연말에 쓸데없는 사업을 벌여서라도 예산을 다 쓰려고 한다. 그러나 김병로는 사법부에 배당된 예산 중 쓰고 남은 것은 모두 국고에 반납했다. 심지어 대통령이 법원에 많은 땅을 주겠다고 제의했을 때도 "지금의 땅으로도 족하고 땅이 넓으면 오히려 관리하기가 힘들다"며 대통령의 제의를 거절했다.

만약 대법원장이 사법부의 양적인 성장과 발전만을 생각했다면, 예산을 최대한 사용하고 더 많은 예산을 얻기 위해 노력했을 것이다. 또 땅을 더 주겠다는 대통령의 제안도 흔쾌히 받아들였을 것이다. 당시 사법부 내에서도 김병로의 지나친 청렴에 아쉬움을 나타내는 사람들이 많았다. 그러나 김병로가 단지 돈이 아까워서 예산을 아끼고 대통령의 제안을 거부한 것은 아니었다. 이것은 사법부의 독립을 확고하게 유지하려는 김병로의 강직한 소신에서 비롯했다. 즉 사법부가 행정부에 필요 이상으로 물질적 혜택을 입을 경우 행정부에 대한 사법부의 독립이 그만큼 약화될 수 있기 때문이었다. 대한민국 초대 대법원장 김병로에게 사법부 독립은 최고의 목표였고 과제였다. 그는 사법부의 독립을 저해하는 어떤 세력도 용납하지 않았다. 이 과정에서 이승만 대통령과의 충돌은 필연적이었다.

사법부 수장, 국부를 비판하다 — 이승만과의 충돌

1945년 8월 15일 식민지 조선은 마침내 해방을 맞이했다. 김병로 역시 은둔하고 있던 농촌에서 해방을 맞았다. 해방 직후 김병로는 민족주의자들이 결집한 '한국민주당'(약칭 한민당)에 참여했다. 한민당은 '조선공산당' 등 좌파와 대립했지만, 김병로는 한민당 내의 극단적인 보수주의자들하고는 달리 좌파와 대화를 주장했다. 이런 김병로의 태도는 신간회 활동에서 잘 드러나듯 일제 강점기부터 일관된 것이었다.

또한 김병로는 한민당이 토지개혁에 소극적이던 것을 비판하고, 대다수 농민들이 혜택을 받을 수 있도록 국가가 토지를 매입해 소작인들에게 무상으로 나누어 줘야 한다고 주장했다. 조선공산당 등 좌파에서 요구하던 토지의 무상 분배를 김병로가 주장한 까닭은 사상에 관계없이 일제 강점기 인권변호사로서 수많은 소작쟁의에 관여해 소작인들의 열악한 상황을 목격한 결과였다.

그는 결국 1946년 10월 한민당을 탈당했고 우파의 김규식, 좌파의 여운형과 함께 좌우합작 운동에 적극적으로 나섰다. 좌우합작은 신간회 시절에도 시도한 적이 있었지만 이때는 보다 절박한 상황이었다. 해방된 나라가 두 동강 날 처지였기 때문이었다. 하지만 1947년 7월 여운형이 암살되고 8월 미·소공동위원회가 완전히 결렬되면서, 좌우합작 운동은 실패로 돌아갔다. 이제 국토의 분단은 피할 수 없게 되었다. 분단에 직면한 김병로는 현실적인 선택을 했다. 좌우합작 운동을 함께하던 김규식 등하고는 달리 1948년 8월 15일 남한의 단독정부

김병로는 우파인 김규식, 좌파인 여운형과 함께 좌우합작 운동에
적극적으로 나섰다.

수립에 참여한 것이다.

1948년 8월 15일 대한민국 탄생과 동시에 김병로는 이승만 대통령에 의해 초대 대법원장에 임명되었다. 이미 김병로는 1946년 7월 미군정 사법부장(지금의 법무부장관)을 맡아 일제의 잔재를 쓸어 내고 해방된 나라에 적합한 법체계를 갖추기 위해 노력하고 있었다. 또 대한민국의 헌법을 만드는 데도 적극적으로 관여했다.

하지만 해방 이후 3년 동안 김병로와 이승만은 같은 우파 민족주의자였음에도 불구하고 상당한 견해 차이를 보였다. 국토의 분단을 막기 위해 김병로가 좌우합작에 적극적인 반면, 이승만은 좌파와 대화를 거부하고 일찍부터 남한만의 단독정부 수립을 주장했다. 또한 김병로는 해방된 새 나라의 지도층으로 독립운동가들이 중심이 되어

김병로와 이승만. 경무대에서 만난 두 사람이 어색하게 인사하고 있다.

야 하며 친일파는 물론 일제에 협력한 사람들은 제외되어야 한다고 주장했다. 그러나 이승만은 오히려 일제에 협력한 사람들을 자신의 밑으로 끌어모아 힘을 키웠다. 게다가 고집스럽고 권위적인 이승만에게 강직한 김병로는 껄끄러운 존재였다.

　대한민국의 대통령이 된 이승만은 처음에 김병로가 아닌 다른 인물을 대법원장으로 임명하려 했다. 그러나 이승만의 주위 사람들은 모두 김병로를 추천했다. 그만큼 김병로는 대한민국에서 가장 신망받는 법조인이었다. 결국 이승만은 고집을 꺾고 김병로를 대법원장으로 임명했다. 대법원장이 된 김병로는 법전 편찬과 법원 조직 구성에 힘을 쏟았다. 대한민국 사법부는 곧 체계적인 틀을 갖추어 나갔지만 그 과정에서 김병로는 사법부의 수장으로서 이승만 대통령과 계속 충돌

반민족행위특별조사위원회

일제강점기 34년 11개월간 자행된 친일파의 반민족행위를 처벌하려고 제헌국회가 설치한 특별기구. 대한민국 정부가 수립되기 이전인 1947년 친일잔재청산을 위해 남조선과도입법의원은 '민족반역자·부일협력자·전범·간상배에 대한 특별법'을 제정했다. 그러나 미군정은 이 법안이 미군정의 동맹세력인 친일경찰, 친일관료, 친일정치인을 대상으로 하고 있었기 때문에 인준을 거부했다. 그런 이유로 친일파 청산의 과제는 정부 수립 이후로 넘어가게 되었다.

했다.

대법원장 김병로는 이승만 대통령과 '반민족행위특별조사위원회'(반민특위) 문제로 처음 충돌했다. 신생 대한민국에서 가장 큰 과제는 식민지 시대 당시 일제에 협력한 사람들을 어떻게 처리하느냐의 문제였다. 이것은 다른 나라의 침략을 당한 모든 나라에서 공통적으로 제기된 과제였다. 왜냐하면 나라를 침략한 적국에게 협력한 사람들을 그냥 놔둔다면, 훗날 다시 그런 일이 발생했을 때 국민들에게 나라를 지키기 위한 헌신과 충성을 기대할 수 없기 때문이다. 국민의 헌신과 충성은 국가의 존립에 있어서 가장 중요한 요소다. 그래서 2차대전 직후 프랑스는 독일에 협력한 사람 약 13만 명을 재판해 8백여 명을 사형에 처하는 등 총 5만여 명을 처벌했다. 중국도 일제에 협력한 사람들을 '한간(漢奸)'으로 규정해 3만 8천여 명을 기소하고 1만 5천여 명을 처벌했다.

당연히 대한민국도 일제에 협력한 사람들을 처벌하려 했다. 정부 수립 직후 국회는 '반민족행위처벌법'(반민법)을 통과시키고 이 법에 따라 1949년 1월 반민특위를 구성했다. 대법원장 김병로는 반민특위 특별재판부의 재판관장이 되었다. 그러나 이승만 대통령은 노골적으로 반민법 제정과 반민특위 구성을 비난했다. 또 일제에 협력한 사람들은 반민특위를 빨갱이로 몰아붙였다. 이승만 대통령의 반대에도 불구하고 반민특위는 일제 강점기 당시 수많은 독립운동가를 고문한 것으로 악명 높은 형사 노덕술 등, 이승만 정권 아래서 여전히 부와 권력을 누리고 있는 반민족 행위자들을 속속 잡아들였다. 그러자 이승만은 1949년 6월 경찰을 동원해 반민특위를 습격하고 활동을 실질적으로 중단시켰다. 김병로는 공개적으로 이승만과 행정부를 비난했지만, 국회는 이승만에게 굴복해 반민특위의 활동을 축소·종결했다. 이때 해결하지 못한 친일파 문제가 오늘날까지도 우리의 발목을 잡고 있다.

반민특위 습격 사건에도 불구하고 김병로는 사법부의 독립을 지키기 위해 혼신의 힘을 다했다. 특히 행정부가 검찰이나 경찰의 의도대로 판결을 내리지 않는 판사들을 빨갱이로 매도할 때, 김병로는 사법부에 대한 부당한 압력으로 간주해 단호하게 대처했다. 일례로 정부 수립 초기 수사 기관과 마찰이 있었던 한 지방법원의 판사를 수사기관이 뒤를 캐서 구속하려 한다는 보고를 받자, 김병로는 "만일 구속영장이 청구되면 관계 서류를 모두 갖고 와서 나에게 보인 뒤 조치하라"고 엄명을 내렸다. 결국 수사 기관에서는 뒷조사를 중단할 수밖에 없었다. 이승만 대통령은 여러 차례 김병로를 불러 사법부로 하여금 행정부에 협조할 것을 요구했지만, 김병로는 "재판은 판사 각자가 알아서 하는 것"이라며 이것을 거부했다.

1950년대에도 마찬가지였다. 장기집권을 위해 이승만과 행정부가 횡포를 거듭하자 김병로의 비판도 그만큼 강해졌다. 1952년 5월 대통령 재선을 위해 이승만은 당시 임시 수도 부산에 계엄령을 내리고 군대를 동원해 국회의원들을 잡아들인 뒤 국회를 협박하여 헌법을 개정했다. 흔히 '부산정치파동'이라고 불리는 사건이 있던 때에 김병로는 대법관들에게 이렇게 말했다.

> 폭군적인 집권자가 법에 의거한 행동인 것처럼 형식을 취해 입법 기관을 강요하거나 국민의 의사에 따른 것처럼 조작하는 수법은, 민주 법치 국가에서 있을 수 없는 일이며 이것을 억제할 수 있는 것은 사법부 독립뿐이다.
>
> — 이영근·김충식·황호택, 《법에 사는 사람들》, 1984년

판결을 둘러싼 갈등도 계속되었다. 1952년 이승만 반대에 앞장선 한 야당 국회의원이 자신을 살해하려던 군인을 사살한 사건이 일어났다. 다음 해 법원은 이 국회의원에게 무죄를 선고했다. 그러자 이승만 대통령은 김병로 대법원장에게 법원의 무죄 판결에 대해 따졌다. 그러나 김병로는 "판사가 내린 판결은 대법원장인 나도 이래라저래라 할 수 없다. 무죄 판결이 잘못됐다고 생각하면 절차를 밟아 상소하면 되지 않는가"라고 응수했다. 당시 무죄를 선고한 판사는 훗날 "김병로 대법원장이 위에서 바람을 막아 주었기 때문인지 당시 법관들은 소신대로 재판했다"라고 회고했다.

1954년 11월에는 '족청년단'(족청) 계열 국회의원과 전직 내무부 장관이 각각 횡령과 국가보안법 위반으로 기소되었다가 역시 무죄 판결을 받았다. 족청은 원래 이승만의 장기 집권을 도운 세력이었지만, 지나치게 세력이 커지자 이승만은 이들을 완전히 제거하기로 마음먹고 그들 중 일부를 기소한 것이었다. 하지만 법원이 무죄를 선고하자 이승만은 공개적으로 사법부에 불만을 나타냈다.

> 정부에서나 우리 민간에서나 심히 우려하고 있는 문제는, 사법관이라는 분들이 법률은 어찌 되었든지 사법권의 독립 자유라 하는 그 안에서 재판장들이 자기네 권리만 생각하고, 사법에 대한 직책을 잊어버리는 것이다. 종종 유죄로 증명이 되어 경찰이나 검찰청에서 작성한 증거를 가지고 사건을 넘기면 재판관들은 혹 자기들 자유권으로 석방하는 일이 있으니 (……) 이 재판관들의 무제한한 자유권이라는 것은 대단히 위험하므로 장차 헌법을 고쳐 제한 규정을 만들어 행정·사법·입법이 각각 자유분립한 권리를 행사하되 그 범위 안에서 국법을 실시하고 동등히 법을 보호해야 할 것이다.
>
> ─ 이승만, 《조선일보》, 1954년 11월 27일

즉시 김병로는 사법권의 자유를 제한해야 한다는 이승만의 주장을 반박했다.

1심이나 2심의 판결이 최고심인 대법원에 오기 전까지 무어라 말할 수

없는 것이다. (……) 대통령 말씀 중 (헌법을 고쳐) 3권 분립 범위 안에서 국법을 보호하라는 지적이 있으나 이미 현재의 3권 분립으로 상호견제는 충분히 가능하다. (……) 법관이 단독 심판할 경우 권리의 방종을 자행하여 부당한 재단을 내리는 경우가 간혹 있어 대통령뿐 아니라 우리도 이에 대한 조절을 항상 유의하여 오고 있는데 그 시정은 최고심인 대법원에 와서 할 수밖에 없다.

— 김병로, 《조선일보》, 1954년 11월 28일

김병로는 이승만에게 판결에 불만이 있으면 사법권의 자유를 제한하려 하지 말고 절차에 따라 대법원에 상고하라고 일침을 가했다. 또한 김병로는 검찰에서 대법원에 상고한 사건 대부분이 결국 파기되었다고 언급하면서, 검찰은 사법부에 불만만 나타내지 말고 수사에 신중을 기하라고 충고했다. 이렇듯 김병로는 사법부 독립을 지키기 위해 나라의 아버지, 즉 국부(國父)로 불리는 이승만에게 당당하게 맞섰다. 1954년 11월 이승만이 영구 집권을 위해 초대 대통령은 횟수에 제한 없이 대통령을 계속할 수 있도록 헌법을 다시 고쳤을 때도, 김병로는 절차상의 부당성을 비판했다.

이승만 대통령 역시 1956년 2월 국회에 보낸 치사(致辭)에서 사법부에 대한 불만을 보다 분명하게 드러냈다.

사법부의 형편이 말이 아니니 사법부의 재판관들은 세계에 없는 권리를 가지고 행세하고 있으니 첫째는 경찰이나 검찰에서 소상히 조사해서 법원에 넘기면 법원에서는 그냥 석방한다. (……) 법이 시행되도록 어떤 방법으로든지 재판장의 권한에 한정이 있어야 되겠다.

— 이승만, 《조선일보》, 1956년 2월 21일

또한 이승만 대통령은 자신이 재판과 관련한 중대한 문제가 생길 때마다 김병로 대법원장과 사전에 협의를 하고 있다고 주장했다. 이승만의 이 주장은 큰 파장을 불러일으켰다. 김병로는 "대법원으로서는 (……) 양심껏 재판하는 일선 법관들에게 간섭할 수 없다"라고 사법부 독립을 다시 한 번 확인하면서 "사법부가 행정부와 협의해서 법을 운영하는 일은 없다"라고 해명했다. 해명 이후에도 대통령과 대법원장의 사전 협의 문제를 둘러싸고 논란이 계속되자 김병로는 분명하게 사법부 독립에 대한 자신의 결백과 의지를 밝혔다.

내가 사법부의 책임자로 있어서 뿐만이 아니라 나 개인의 모든 행동에 있어서도 나에게는 권력이나 금력(金力)이나 타협이나 모두 무시되는 것뿐이요, 오직 나의 모든 일은 나의 양심과 정의가 지배할 뿐이다. (……) 나는 단언하노니 오늘날까지 재판에 있어서나 기타 사법 운영에 있어서 나의 소신과 양심에 어그러진 판단을 한 일은 한 번도 없고 장래에도 없을 것이다.

— 김병로, 《조선일보》, 1956년 2월 28일

이승만이 김병로를 모함한 것은 사법부의 권위를 약화시키기 위한 일종의 협박이었다. 그러나 이런 협박은 통하지 않았다. 대통령도 사법부를 간섭하지 못하는 상황에서 사법부 독립은 확실하게 보장되었고 법관들도 양심에 따라 소신 있게 판결했다. 일반적으로 1950년대라 하면 한국전쟁 이후 국토 폐허, 정치적 독재와 횡포, 경제적 빈곤과 부패 등 부정적 이미지로 기억하지만, 김병로의 존재로 사법부 독립 문제에서만큼은 최고의 황금기였다 할 수 있다. 이것은 사법권이 비참하게 유린당한 이후 역사와 비교하면 잘 드러난다.

국민은 악법의 폐지를 요구할 권리가 있다

1957년 12월 16일 대법원장 김병로는 만 70세로 정년퇴임했다. 대법원장 재임 9년 3개월 동안 사법부 밖에서 오는 온갖 간섭과 압력을 뿌리치며 사법부 독립의 기틀을 다졌다. 그러나 퇴임사에서 "그간 사법부의 책임자라는 중임(重任)을 띠고 있으면서 이렇다 할 직책을 다하지 못하고, 무위불능(無爲不能)한 세월을 보낸 데 대하여 법조계는 물론 삼천만 국민 앞에 죄송스러운 생각을 금할 수 없는 바입니다"라며 겸손한 태도를 보였다.

반면 김병로 때문에 그동안 사법부에 영향력을 행사하지 못하던 이승만 대통령은 후임 대법원장에 자신이 원하는 인물을 앉히려고 했다. 당시 대통령이 대법원장을 임명하려면, 먼저 법관 회의에서 대법

김병로 퇴임식. 이승만은 김병로가 퇴임하자 자신이 원하는 인물을 대법원장에 임명하려 했지만, 김병로는 퇴임 이후에도 이러한 정부와 이승만을 비판하는 역할을 계속했다.

원장 후보를 선출해 대통령에게 제청해야 했다. 절차에 따라 김병로의 퇴임 3주 전 법관 회의가 열려 후임 대법원장 후보를 선출해 대통령에게 제청했다. 그런데 이승만 대통령은 법관 회의에서 제청한 인물을 무시하고, 법관들에게 자신이 원하는 사람을 후보로 선출할 것을 요구했다. 이승만 대통령의 부당한 개입으로 김병로의 퇴임 이후에도 한동안 후임 대법원장은 임명되지 않았다.

이승만이 속한 여당인 자유당은 아예 법을 고쳐, 법관 회의에서 대법원장 후보를 제청하는 절차를 없애려 했다. 후임 문제에 대해 말을 아끼던 김병로는 1958년 3월 전국 변호사 대회에서 "입법권을 가진 사람들이 방자하다"라며 강하게 비판했다. 사법부와 전임 대법원장 김병로의 저항에 직면한 이승만 대통령은 결국 법관 회의의 제청을 받아들여 1958년 6월 조용순(趙容淳)을 제2대 대법원장에 임명했다.

정권을 연장하기 위한 이승만 대통령과 자유당의 횡포는 계속되었다. 특히 1956년 제3대 부통령 선거에서 자유당 후보인 이기붕이 패배하고, 1958년 제4대 국회의원 선거에서도 실질적으로 자유당이 패배하게 되자 그 정도는 더욱 심해졌다. 먼저 1958년 국회의원 선거 당시 온갖 부정을 저질러 당선한 자유당 후보에게 대법원이 선거 무효 판결을 내리자, 자유당 소속 국회부의장은 "대법원의 판결은 오류이다. 만약 대법관 중 친(親)야당계 인물이 있어 그렇게 되었다면 이는 국가가 뒤집혀질 일이다"라며 노골적으로 불만을 드러냈다. 김병로는 즉각 국회부의장의 발언을 반박했다.

> 입법부의 중요한 사람으로서 재판의 결과에 대해 법률상 아무런 반대 이유도 제시하지 않고 오판이니 또는 판결을 내린 법관은 친야당계니 운운하는 것은 명백히 헌법상의 사법권 독립을 모독하는 경솔한 말이다.
>
> ─ 김병로, 《동아일보》, 1958년 6월 23일

1958년 7월에는 진보당 사건에 대한 1심 판결이 있었다. 1956년 대통령 선거에서 야당인 진보당 후보 조봉암은 '평화 통일', '수탈 없는 계획 경제', '피해 대중을 위한 정치' 등 혁신적인 구호를 앞세워 이승만에게 도전했다. 비록 광범위한 부정이 자행된 선거에서 조봉암은 이승만에게 패배했지만, 많은 사람들에게 큰 호응을 얻어 예상을 훨씬 뛰어넘는 표를 얻었다. 자신들의 장기 집권과 극우 반공 체제에 위협이 되는 조봉암과 진보당을 이승만 정권이 그냥 놔둘 리 없었다. 1958년 1월 이승만 정권은 조봉암 등 진보당 간부들을 간첩 혐의로 구속했다. 그리고 재판에서 조봉암에게 사형을 구형했다. 하지만 1심 판결에서 사법부는 대부분의 진보당 간부들에게 무죄를 선고하고, 조봉암에게도 간첩죄 부분은 무죄 판결을 내렸다. 단 조봉암의 국가보안법 위반을 인정해 징역 5년을 선고했을 뿐이었다.

진보당 사건에 대한 판결 사흘 뒤 소위 '반공 청년'을 자처하는 데모 대원 200여 명이, "용공(容共) 판사를 타도하라", "조봉암 일당에게 간첩죄를 적용하라", "죽여라", "없애라"라고 외치면서 법원 청사로 몰려들어 난동을 부렸다. 자유당이 동원한 정치 깡패들의 이런 행동은, 반공이 모든 것에 우선하던 극단의 시대에 가능했던 광기였다. 김병로는 무섭게 분노했다.

> 사법부에 대한 이 같은 협박은 미개한 나라에서도 유래가 없었다. 평생을 법률에 종사한 법관이라 해도 3인 내지 5인이 모여 오랜 시일을 두고 합의한 끝에 판결을 내리는 것인데, 하물며 기록 한 장도 보지 못한 자들이 옳으니 그르니 하고, 게다가 난폭한 행동까지 한다는 것은 법치 국가 사회에서는 상상도 못할 일이다. (……) 법관을 가리켜 '용공 판사' 운운한 것은 법관 모욕죄 가운데서도 가장 악질에 속하며 그들의 행동은 살인 강도에 비할 바 아니다.
>
> ― 김병로, 《동아일보》, 1958년 7월 7일

조봉암은 2심 판결과 대법원 판결에서 간첩죄가 인정되어 사형을 선고받아 결국 1959년 7월 형장의 이슬로 사라졌다. 그러나 당시 사법부가 이 정도로 소신껏 재판할 수 있던 것은 김병로가 대법원장 시절 애써 지킨 사법부 독립의 힘이었다. 훗날 조봉암의 간첩 혐의가 이승만 정권에 의해 조작된 것으로 밝혀지면서, 만약 김병로가 대법원장으로 계속 있었다면 조봉암의 운명이 어떻게 달라졌을까 하는 의문이 제기되기도 했다. 그러나 불행히도 김병로가 퇴임한 뒤 사법부 독립은 조금씩 약화되었고 군사 쿠데타와 군부 독재를 거치면서 더 훼손되었다.

1960년에 실시될 제4대 대통령·부통령 선거를 앞두고 이승만과 자유당은 언론의 자유를 억압해 국민들이 진실을 알지 못하도록 하는 것이 선거 승리를 위한 최선책이라고 판단했다. 국가보안법은 언론을 통제하기 위한 적절한 도구였다. 1958년 12월 24일 자유당은 경찰을 동원해 야당 의원들을 국회의사당 밖으로 강제로 끌어내고, 이승만·이기붕에 대한 언론의 비판을 국가보안법으로 처벌할 수 있는 국가보안법 개정안을 날치기로 통과시켰다. 동시에 그동안 주민이 직접 선출하던 지방자치단체의 장(長)을 정부가 일방적으로 임명하도록 하는 지방자치법 개정안도 함께 통과시켰다. 악법을 통해 정권을 연장하려는 이승만과 자유당에 맞서 김병로는 신문에 '국민은 악법의 폐지를 요구할 권리가 있다'는 제목의 글을 실었다.

그들(이승만과 자유당)이 말한 요점은 악법이라 할지라도, 공포·실시되면 국회의 절차에 의해 폐지나 개정이 없는 이상 국민은 절대로 복종하여야 할 뿐이요, 반대 운동을 할 수 없다는 오류에서 나온 것이 아닌가 생각된다. 원래 '악법도 법'이라는 말은 적법한 국회의 절차에 따라 제정 공포된 법률을 말하는 것이요, 이상과 같은 적법성이 없는 다수결로써 통과된 법안이야 아무리 공포·실시하였다 하여도, 실질적으로 법률적 효력을 발생할 수 없는 것이므로, 악법도 법이라는 말은 여기에 해당할 것이 아니다. 설령 국회의 절차를 밟아 적법하게 개정된 법률이라 할지라도 그 내용이 헌법 정신이 위배되거나 국민 생활에 적합하지 아니한 것이라면, 국민은 그 법률의 폐지 또는 개정을 위한 국민운동을 일으켜 입법부의 반성을 촉구할 권리가 있는데 이것을 경찰이 억압한다는 것은 민주 국가에서는 있을 수 없는 일이다.

― 김병로, 《동아일보》, 1959년 1월 10일

이승만 정권뿐만 아니라 그 뒤에 등장한 박정희·전두환 등 한국의 군부 독재 정권들은 자신의 독재를 유지하기 위해 총·칼과 함께 항상 '법'을 이용했다. 독재에 맞서 민주화를 요구했던 많은 사람들이 물리적 폭력뿐만 아니라 법에 의한 폭력에 의해 희생당했다. '악법도 법'이라는 말은 법에 의한 폭력을 합리화하기 위해 상투적으로 사용되었다. 그러나 대한민국 초대 대법원장 김병로는 '악법도 법'이라는 논리에 맞서 '국민은 악법의 폐지를 요구할 권리가 있다'라고 주장했다.

반면 1970년대 박정희는 유신쿠데타를 일으켜 자신의 종신집권을 보장하는 유신헌법을 제정한 뒤, '긴급조치'를 발동해 유신헌법 개정에 대한 어떠한 논의도 금지했다. 당시 대한민국 국민에게는 악법의 폐지를 요구할 권리가 없었다. 목숨을 걸고 악법 폐지를 요구한 사람들은 빨갱이로 몰려 가혹한 처벌을 받았다.

'인혁당 사건'이 대표적인 사례다. 1975년 4월 8일 대법원은 소위 '인민혁명당'(약칭 인혁당)을 만들어 국가의 전복을 시도했다는 이유로 8명에게 사형을 선고했다. 이들의 사형은 선고 후 불과 18시간 만에 집행되었다. 법의 이름과 형식을 빌려 악법 폐지와 민주화를 요구한 사람들을 빨갱이로 몰아 죽여 버린 이 사건에 전 세계가 경악했다. 사형 선고와 집행은 '사법 살인'으로 규정되었고, 국제법학자협회는 사형이 집행된 1975년 4월 9일을 '사법사상 암흑의 날'로 선포했다. 민주화 이후 2006년 재심 결과 전원 무죄 판결을 받았지만 그렇다고 억울하게 죽은 사람들이 다시 살아나지는 않는다.

이승만 정권의 횡포에 맞섰던 1950년대 사법부와는 달리, 1970년대 사법부는 박정희 정권의 시녀로 전락했다. 1960년대 박정희 정권 아래서 무장 군인의 군홧발에 무수히 짓밟히면서도 근근이 유지한 사법부 독립은, 1971년 '사법 파동'을 계기로 무너지기 시작했다. 1971년 법원이 일부 법률에 위헌 판결을 내리고 시위로 구속된 학생들과 반정부 글로 기소된 문인들에게 잇달아 무죄를 선고하자, 장기집권을 준비하고 있던 박정희 정권은 법관들을 길들이기 위해 무죄 판결을 많이 낸 몇몇 판사들을 개인 비리 혐의로 구속하려 했다. 이에 법관들은 집단 사표를 내면서 강하게 반발했으나 결국 아무것도 얻지 못한 채 대부분 스스로 사표를 철회했다. 이후 박정희는 유신헌법과 함께 법관 재임용 제도를 만들어 법관 임명권을 손에 넣었다. 1973년 법관 재임용에서 박정희의 눈엣가시 같던 법관들이 무더기로 탈락하자, 남은 법관들은 생존을 위해 인혁당 사건과 같은 박정희 정권의 횡포에 철저하게 협력했다. 사법부는 독재 정권을 지탱하는 도구에 불과했다. 이것은 1980년 5월 광주 학살을 통해 집권한 전두환 정권 때도 마찬가지였다.

다행히 1987년 6월 항쟁 이후 사회 전반이 민주화되면서 독재 정권이 악용하던 많은 악법이 폐지되고, 사법부 역시 과거의 치욕에서 벗어나 어느 정도 독립을 회복했다. 그러나 악용될 소지가 있는 법들은 아직도 남아 있다. 그중 대표적인 것이 민주주의의 상식과 정면으로 충돌하는 국가보안법이다. 김병로는 1958년 12월 국회에서 통과된 국가보안법 개정안과 지방자치법 개정안이 악법이며 무효라고 주장하면서, 언론의 자유와 집회의 자유를 강조했었다.

언론의 자유와 집회의 자유는 인위적으로 이것을 제한한다는 것을 쉽게 말하는 것은 사람을 불구자로 만들고, 사람을 분산 유리하게 만드는 것 밖에 안 될 것이다. (……) 만일 이러한 제한 규정을 불명확하게 하여 수사 기관이나 법관의 의식 여하에 따라 모든 민중으로 하여금 자유의 기준을 미혹(迷惑)하게 한다면, 결국에는 인권 유린의 결과를 초래하고 마는 것이다. (……) 그렇기 때문에 내가 형법을 기초함에 있어서도 오히려 언론, 집회에 대한 제한 규정을 너무 널리 규정하였다는 것을 지금에 있어서도 느끼는 바 없지 아니하나, 그것은 사회 정세에 감하여 공산주

프로크루스테스

그리스 신화에 나오는 노상강도로, '늘이는 자' 또는 '두드려서 펴는 자'를 뜻한다. 아테네 교외의 케피소스 강가에 살면서 지나가는 나그네를 집에 초대한다고 데려와 쇠침대에 눕히고는 침대 길이보다 짧으면 다리를 잡아 늘이고 길면 잘라 버렸다. 아테네의 영웅 테세우스에게 자신이 저지르던 악행과 똑같은 수법으로 죽임을 당했다. 이 신화에서 '프로크루스테스의 침대(Procrustean bed)' 및 '프로크루스테스 체계(Procrustean method)'라는 말이 생겨났는데, 융통성이 없거나 자기가 세운 일방적인 기준에 다른 사람들의 생각을 억지로 맞추려는 아집과 편견을 비유하는 관용구로 자주 쓰인다.

의자들의 모략 선전에 대비하기 위하여 부득이한 조치에 불과한 것이고, 기본 인권의 옹호에 대비하여서는 너무 지나친 주장이었다고 생각하는 바이다. 그렇기 때문에 내가 처음부터 소위 개정 국가보안법 중 특히 언론에 관한 규정을 악법이라 주장하여 온 것도, 그 이유가 여기에 있었던 것이다.

— 김병로, 《동아일보》, 1959년 4월 9일

김병로는 법을 악용하려는 권력과 맞서 사법부의 독립을 지키고 악법에 대해 가차 없이 저항했지만 자유와 인권의 가치에 대해서는 최대한 너그러웠다. 앞서 언급한 것처럼 김병로는 국가보안법을 형법으로 대체하려 했고, 이 형법마저 자유와 인권의 차원에서 지나친 감이 있다고 보았다. 그는 언론의 자유, 집회의 자유가 분명한 규정에 따라 최소한만 제한되어야 한다고 생각했다. 만약 그렇지 않다면 국가보안법은 그리스·로마 신화에 나오는 프로크루스테스의 침대처럼 자의적으로 해석·적용되어 권력의 이익을 위해 악용될 위험이 있었다. 불행히도 실제 역사는 김병로가 우려한 대로 흘러갔다.

이런 김병로의 생각은 특별한 것이 아니다. 민주주의의 가장 교과서적인 상식이다. 이미 18세기에 계몽철학자 볼테르는 이렇게 말했다. "나는 당신의 견해에 반대한다. 하지만 당신이 당신의 견해로 말미암아 탄압을 받는다면, 나는 그 말을 할 수 있는 권리를 위해 당신과 함께 싸우겠다." 또 1919년 미국의 홈스 대법관은 "사상의 자유는 우리가 동의하는 사상의 자유가 아니라 우리가 증오하는 사상의 자유를 보장하는 것"이라고 말했다. 김병로는 공산주의에 반대한 철저한 반공주의자였지만, 대한민국 헌법에 보장된 사상의 자유, 언론의 자유, 집회의 자유는 누구에게나 예외 없이 적용되어야 한다고 믿었다. 그래서 국가보안법과 같이 민주주의를 파괴하는 법률을 이용하여 정권을 유지하려는 시도에 강하게 반대한 것이다.

김병로는 민주주의의 상식에 충실한 민족주의자였다. 민주주의의 상식에 충실했기 때문에 권력과 재물 앞에서 강직했고, 자유와 인권 앞에서 관용의 정신을 보일 줄 알았다. 민족주의자였기 때문에 일제에 협력하지 않았고 언제나 좌우를 아우르려 했으며 분열보다 통합을 옹호했다. 오늘날 한국의 보수주의자들은 어떠한가? 권력과 재물 앞에서는 너그럽고 자유와 인권 앞에서는 경직되어 있지 않은가? 과거 일제와 독재정권에 협력했고, 오늘날에도 앞에서는 국익을 부르짖으면서 뒤로는 국방의 의무마저 회피하고 있지 않은가? 생각이 다른 사람들과 대화하기보다는 '빨갱이', '친북좌파'로 몰아 마녀사냥 하는

데 익숙하지 않은가? 그러면서도 성찰과 책임감 없이 자기 합리화와 기득권 유지에만 골몰하는 한국의 보수주의자들. 이것이 오늘날 대한민국에서 노블레스 오블리주를 찾기 어렵고, '건전 보수'라는 단어가 형용모순이 되는 까닭이다. 김병로는 이미 1964년에 세상을 떠났지만, 그의 가치는 오늘날 더욱 빛나고 있다.

3

이회영_'삼한갑족'의 후예, 아나키스트가 되다

민족의 근심을 함께한 6형제, 항일무장투쟁을 선도하다

슬프다! 세상 사람들이 우리 가족에 대하여 말하기를, 대한 공신의 후예여서 나라의 은혜와 대대로 쌓아온 미덕이 이 시대의 으뜸이라 합니다. 그러므로 우리 6형제는 나라와 더불어 안락과 근심을 같이할 위치에 있습니다. 이제 한일합병의 괴변을 당하여 한반도 산하의 판도가 왜적에 속하였습니다. 우리 형제가 당당한 명문 호족으로서 차라리 대의가 있는 곳에 죽을지언정 왜적 치하에서 노예가 되어 생명을 구차히 도모한다면 어찌 짐승과 다르겠습니까.

김도훈 : : 친일반민족행위자 재산조사위원회 조사3과장

이회영
1867~1932

1867년 서울에서 태어난 이회영은 만주에서 군사학교를 세워 조직적인 항일무장투쟁을 실시한 선구자였고, 한국 무정부주의 운동의 원조로 평가되는 인물이다. 또한 개인뿐 아니라 전통 명문 가문인 그의 집안은 구성원 모두 독립운동에 투신하기 위해 한평생 호의호식할 수 있는 재산을 모두 처분해 죽을 때까지 생명의 위협과 고난, 희생을 겪어야 했다. 초대 부통령으로 우리에게 잘 알려진 이시영(李始榮)의 중형(仲兄)인 이회영은 1901년 근대적 신교육을 위한 자금을 마련하기 위하여 삼포(蔘圃)를 경영하다가 일본인들의 약탈로 실패, 1908년 장훈학교(長薰學校)를 설립하고, 안창호(安昌浩)·이동녕(李東寧) 등과 함께 청년학우회(靑年學友會)를 조직, 무실역행(務實力行)을 행동강령으로 독립운동에 전력하였다.

1910년 대종교(大倧敎)에 입교, 12월 일제의 탄압을 피해 중국 지린성(吉林省) 류허현(柳河縣) 싼위안바오(三源堡)로 망명, 신흥강습소(新興講習所)를 설립하였다. 그 후 블라디보스토크를 거쳐 1919년 베이징(北京)으로, 다시 상하이(上海)로 가는 등 각지를 전전하며 독립운동에 힘쓰던 중 1921년 신채호(申采浩)와 함께 무정부주의운동을 벌이며 분열된 임시정부의 단합을 위해 조정 역을 담당하였다. 1932년 지린성에 연락근거지를 확보하고 지하공작망을 조직할 목적으로 상하이에서 다롄(大連)으로 가던 도중 일본경찰에 붙들려 심한 고문 끝에 옥사하였다. 1962년 건국훈장 독립장이 추서되었다.

한국 '노블레스 오블리주'의 전형

선거철이 되면 언제나 정계는 각 정당의 후보자들이 각축전을 벌이게 된다. 그러나 이 과정을 지켜보는 국민들은 속으로 '국민의 일꾼'을 뽑는 그 과정이 국민 모두의 축제가 아닌 정치인들을 위한 '그들만의 리그'가 펼쳐지고 있다는 생각을 떨쳐 버릴 수 없다.

권력과 그것을 이용한 사람들이 과거 행적을 폭로하는 과정 속에서 보이는 대처 방식도 상대방 헐뜯기 식의 이야기다 보니, 선거를 치를 때마다 우리가 치유해야 할 것들이 오히려 더 덧나고 만다. 이럴 때 떠오르는 생각이 있다.

2차 대전 당시 영국의 명문학교인 이튼스쿨의 한 학급 출신 전원이 전쟁터에서 모두 사망했고, 1982년 포클랜드 전쟁 당시, 영국의 앤드류 왕자가 조종사로 참전했으며, 조카인 해리 왕자가 2007년 6월 아프카니스탄 파견을 위해 군사 훈련을 받았는데, 이것은 영국 왕실

포클랜드 전쟁

남아메리카 대륙의 동남단, 아르헨티나의 대륙부에서 약 500킬로미터 떨어진 남대서양의 작은 도시 포클랜드의 영유권을 둘러싼 영국과 아르헨티나 간의 분쟁이다. 실질적으로는 1833년 이후 영국령인 포클랜드를 두고, 1816년 스페인에게서 독립할 때 그 영유권도 계승한 것이라고 주장하는 아르헨티나가 1982년 4월 2일 무력 점령을 감행한 데서 발단되었다. 영국은 근해에 석유가 매장되어 있으며, 또 남극 대륙에의 전진기지로서의 가치가 있는 포클랜드 방위를 위해 급거 기동부대를 파견, 4월 26일에는 포클랜드 제도의 동남쪽 1,500킬로미터에 있는 남조지아섬을 탈환했다. 5월 20일 유엔 사무총장의 조정교섭이 실패로 돌아가자 영국군은 포클랜드에 상륙, 75일간의 격전 끝에 6월 14일 아르헨티나군의 항복으로 전쟁을 종결시켰다. 그러나 '포클랜드 휴전과 아르헨티나군의 철수에 양측이 합의했다'고 발표한 아르헨티나의 성명에 항복이라는 말이 빠진 것을 통해서도 알 수 있듯이 이 전쟁은 아무런 진전도 보지 못한 채 원점으로 되돌아갔고, 다시 유엔으로 넘겨져 오늘날까지도 포클랜드 영유권 문제의 타결에는 어려움이 많다.

과 지도층이 보여 준 '노블레스 오블리주'의 한 예다. 특히 앤드류 왕자의 경우, 아르헨티나군의 미사일이 영국 군함을 폭격하는 것을 막기 위해 목숨을 걸고 미사일 방향을 교란하는 임무를 담당했다고 한다. 당시 영국 신문은 이 소식을 들은 엘리자베스 여왕의 근심 어린 사진을 게재하면서 '여왕도 어머니다'라는 기사 제목을 붙였다.

비록 지금 대다수 한국의 지도층이나 저명인사들이 자신의 정치적·사회적·경제적 이익을 위해 사회적 책무를 방기하는 것은 물론 앞장서 비리를 저지르는 작태와 비교해 볼 때, 한없이 부럽기 만하다. 그러나 우리에게도 '노블레스 오블리주'를 실천한 전통 양반가가 있었으니 바로 이회영과 그의 가문이다.

이조판서(정2품) 이유승의 4남, 우당 이회영.

　이회영은 만주에서 군사학교를 세워 조직적인 항일 무장투쟁을 전개한 선구자였고, 한국 무정부주의운동의 원조로 평가되는 인물이다. 또한 개인뿐 아니라 전통 명문가인 집안 구성원들은 모두 독립운동에 투신하기 위해 한평생 호의호식하고도 남을 재산을 전부 처분해 죽을 때까지 생명의 위협과 고난 그리고 희생을 겪어야 했다. 그럼에도 아직까지 학계는 물론 일반 대중에게 이회영이 어떤 인물이며, 어떤 삶을 살아왔는지조차 잘 알려져 있지 않다. 더구나 대한민국 초대 부통령을 지낸 그의 동생 이시영과 비교해 볼 때, 이회영의 이름자나마 기억하는 사람도 극히 드물다. 그 이유는 첫째, 그가 평생을 독립운동과 혁명가로 살아왔음에도 어떤 단체나 조직의 대표를 맡은 적이 없었고, 둘째, 일제의 고문으로 일찍 순국했으며, 셋째, 해방한 뒤 부통령을 지낸 동생 이시영의 명성에 가려 있다는 점, 마지막으로 그가 추구한 무정부주의가 한국의 반공과 냉전 이데올로기 속에 금기시되었다는 점 등이 아닐까 싶다.

망명 — 만주 지역 항일무장투쟁의 효시가 되다

1910년 12월 30일. '왜놈보다 더한 추위'가 얼려 버린 한국과 중국의 국경이 맞닿은 압록강 부근에 살을 에는 듯한 바람을 안고 압록강 빙판 위를 가로질러 건너는 50여 명의 일행이 있었다. 바로 당대 제일의 명문가 출신의 이회영 형제와 일가였다. 이른바 전무후무한 전통 명문가 일가족의 망명이었다. 훗날 월남 이상재는 이날의 정경을 이렇게 평했다.

> 동서 역사상에 나라가 망할 때 나라를 떠난 충신 의사가 수백·수천에 그치지 않는다. 그러나 우당 일가족처럼 6형제 가족 40여 명이 한마음으로 결의하고 일제히 나라를 떠난 일은 전무후무한 것이다. 장하다! 우당의 형제는 참으로 그 형에 그 동생이라 할 만하다. 6형제의 절의(節義)는 참으로 백세청풍(百世淸風)이 될 것이니 우리 동포의 가장 좋은 모범이 되리라.
>
> — 이관직,《우당 이회영실기》

그렇다면 이회영과 그의 일가가 모두 서간도로 망명을 결심한 시점은 언제일까. 그 시점은 1905년 을사늑약 직후로 거슬러 올라간다.

1905년 이토 히로부미(伊藤博文)가 조약을 강제로 체결하려 하자, 이회영은 경주 이씨 일가이자 죽마고우인 이상설과 당시 외부 교섭국장이던 아우 이시영 등과 함께 을사늑약 반대운동을 비밀리 추진했

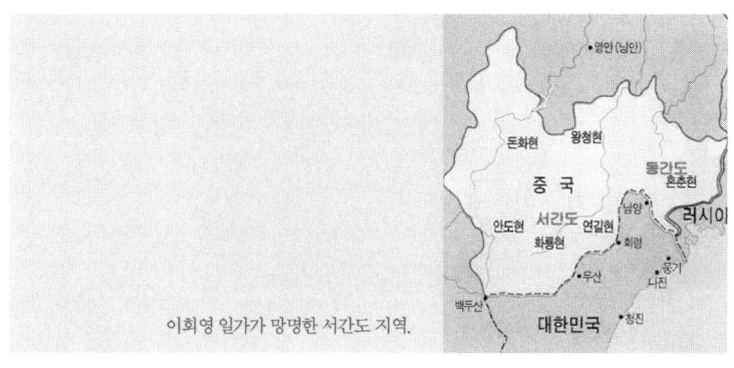

이회영 일가가 망명한 서간도 지역.

다. 이회영 등은 참정대신 한규설과 시종무관장 민영환, 조약 체결의 주무장관인 외부대신 박제순을 설득해 고종이 조약을 거부하도록 상주할 것을 확약받았다. 그럼에도 끝내 을사늑약이 강제 체결되자, 이회영은 이것이 국제법상 무효임을 주장하면서 이동녕, 이상재 등과 함께 종로에서 을사늑약 반대투쟁을 벌이는 한편, 나인영, 기산도 등과 연락을 취하며 을사5적의 처단을 시도했다. 이시영은 조약 체결에 항의하는 표시로 외부 교섭국장직을 그만두는 한편, 조약 체결 전 박제순의 딸과의 맺은 혼담을 즉각 파혼하고 박제순에게 절교를 선언했다. 그의 부친 이유승은 조약 체결에 대한 분한 마음을 억누르지 못한 채 이듬해인 1906년 세상을 떠나고 말았다. 이후 이회영과 그의 가문은 모든 사회적 기득권을 포기하고 항일구국운동의 전면에 나서게 된다.

을사늑약이 강제로 체결된 뒤 통감부가 설치되자, 이회영과 이상설, 여준, 이동녕 등은 만주에서 민족운동을 전개하기로 협의함으로써 사실상 독립군기지 개척 의지를 표면화했다. 그 결과 1906년 10월

신 문학을 가르치고 독립군을 양성하면서 독립
운동기지 역할을 한 서전서숙.

간도 용정에 국외민족운동기지의 효시인 서전서숙이 설립되었다.

1907년 네덜란드 헤이그에서 제2차 만국평화회의가 개최된다는 소식이 전해지자, 이회영은 비밀리 고종을 알현하고 만국평화회의에 특사 파견을 건의했다. 이회영이 특사 파견을 건의한 것은 세계 열강이 모인 회의 석상에서 을사늑약의 부당성을 알려 국권을 회복하려는 것이었다. 고종은 이상설을 대사로 파견하기로 결정한 뒤, 미국인 헐버트 박사에게 신임장을 내려 주었다. 헐버트는 이회영에게 이 신임장을 전해 주었고, 이것은 다시 이상설에게 전달되었다. 물론 그 과정에는 목사 전덕기와 당시 궁궐 내 연락 임무를 맡고 있던 전덕기의 처이종 되는 김상궁, 내시 안호형의 역할 또한 적지 않았다. 이처럼 헤이그 밀사 파견에 깊숙이 관여한 이회영은 이상설이 헤이그로 떠나면 서전서숙 운영에 영향을 미칠 것을 대비해 이상설과 20년 지기인 여준을

헤이그 밀사 임명장.

파견해 그 자리를 대신하게 하는 치밀함도 잊지 않았다.

1908년 이회영은 독립운동 방략을 논의하기 위해 일명 '해삼위(海蔘威)'로 불리는 러시아 블라디보스토크로 건너가 이상설을 만나 지사 규합과 국민 교육 장려, 독립군 양성, 비밀결사 조직, 군자금 모집 등에 합의했다고 한다. 그렇다면 이 시기 이회영이 만주 지역에 독립군 양성을 결의한 것은 무엇 때문일까.

1905년 안창호 등이 미국에서 설립한 민족운동단체 공립협회는 1907년 1월 국내에 '대한신민회' 설립을 결의하고 안창호를 국내로 파견해 신민회를 창립했다. 그 뒤 1907년 7월 고종의 강제 퇴위와 구한국군 해산을 계기로 국내에서 의병전쟁이 일어나자, 공립협회는 의병 전쟁을 '독립전쟁'으로 명명하면서 즉각적인 '독립전쟁론'을 강력히 주창했다. 그러나 1908년 이후 의병 전쟁이 점차 쇠퇴하자, 공립협회는 전면적인 독립전쟁론에서 독립군 기지 개척으로 방략을 수정했다. 공립협회는 1908년 1월부터 특파원 김성무와 이교담 등을 국내로 파견해 안창호 등 신민회 주요 인사들과 독립군 기지 개척에 관해 논의하게 했다. 따라서 신민회 주요 인사들은 공립협회의 독립군기지 개척에 관해 어느 정도 알고 있었을 것이다. 또한 1908년 10월에는 공립협회가 블라디보스토크에 독립군기지 건설을 위해 아세아실업주식회사를 발기함으로써 독립군기지 개척 운동은 본격화되었다.

이처럼 1908년 중반 이후, 공립협회와 신민회를 중심으로 독립전쟁론이 확산되자 국외, 특히 만주와 러시아 지역에 독립군기지 개척 운동이 현안으로 떠올랐다. 그렇기 때문에 상동청년학원의 원감이자 신민회의 중심 세력이던 이회영 역시 독립군기지 개척을 구체적인 실행에 옮기기로 했을 것이다.

귀국한 뒤 이회영은 계몽주의자들과 만나 국민 교육 장려를 놓고 논의했다. 특히 신민회 주축 세력이던 안창호, 이동녕, 이승훈 등과 논의한 끝에 김사설, 이강연, 이관직, 여준을 평양 대성학교, 정주 오산학교, 안동 협동학교, 상동청년학원에 각각 파견했다.

1910년 봄, 일제가 한국을 식민지로 편입하려는 움직임이 기정사실로 되자, 이회영은 이때부터 만주 지역에 독립군기지를 건설할 계획을 구체적으로 마련했다. 그리하여 군인과 의병장 출신인 김형선, 이관직, 윤태훈, 이기영, 성재구, 장유순, 이관식 등 동지를 규합하는 한편, 필요한 경비 마련에 착수했다.

일제가 한국을 강점한 1910년 8월 하순 즈음, 이회영은 조국이 일제의 식민지로 완전히 편입되었음을 인식하고, 독립군기지를 물색하려고 길을 떠났다. 이동녕, 장유순, 이관식과 함께 상인으로 변장한

이회영 일가가 살던 집터.

이회영 일행은 압록강을 건너 중국 안동(지금의 단동)에서 500여 리쯤 떨어진 횡도천에 도착해 임시로 거처를 마련한 다음, 서간도 일대를 시찰한 뒤 귀국했다.

귀국한 뒤 이회영은 건영, 석영, 철영, 시영, 호영 여섯 형제가 모두 모인 자리에서 중국 망명을 제의했다.

슬프다! 세상 사람들이 우리 가족에 대하여 말하기를, 대한 공신의 후예여서 나라의 은혜(國恩)와 대대로 쌓아온 미덕(世德)이 이 시대의 으뜸이라 합니다. 그러므로 우리 6형제는 나라와 더불어 안락과 근심을 같이할 위치에 있습니다. 이제 한일합병의 괴변을 당하여 한반도 산하(山河)의 판도가 왜적에 속하였습니다. 우리 형제가 당당한 명문 호족으로서 차라리 대의가 있는 곳에 죽을지언정 왜적 치하에서 노예가 되어 생명을 구차히 도모한다면 어찌 짐승과 다르겠습니까. 이때에 우리 형제는 당연히 생사를 막론하고 식구들을 인솔하고 중국으로 망명하여 차라리 중국인이 되는 것이 좋을까 하오이다. 또 나는 동지들과 상의하고 이 땅에서 하던 모든 활동을 만주로 옮겨 실천하고자 합니다. 만일 먼 훗날 행운이 있어 왜적을 파멸하고 조국을 다시 찾으면, 이것이 대한의 민족된 신분이요, 또 왜적과 피 흘리며 싸우신 백사(白沙) 이항복 공의 후손된 도리라고 생각합니다. 원컨대 형님들과 아우님들은 나의 뜻을 따라 주시기 바랍니다.

―《우당 이회영실기》/《가슴에 품은 뜻 하늘에 사무쳐: 이은숙 자서 서간도 시종기》

이회영의 중국 망명 제의를 들은 다섯 형제는 이회영의 뜻에 선뜻 동의했다. 그리고 근 한 달여 만에 논밭은 물론 조상 제사를 모시기 위한 위토(位土), 그리고 집까지 몽땅 헐값으로 처분했다. 당시 이회영은 오늘날 명동 YWCA 부근의 집과 집안의 고서를 최남선에게 헐값으로 넘겨주었다고 한다. 이렇게 마련된 돈은 당시 화폐로 약 40만 냥, 오늘날의 600억 원여에 달한다고 한다. 그런데 이 처분 재산의 대부분은 둘째 형 이석영이 양자로 들어가 물려받은 재산이었고, 그 재산은 방계 숙부인 고종 때 영의정을 지낸 이유원이 남긴 재산이었다. 이 자금은 초기 서간도 독립운동의 초석을 닦는 토대가 되었다.

이회영 대소 일가 50여 명의 대가족은 예닐곱 대의 마차로 압록강을 건너 서간도 유하현 삼원포에 정착했다. 이회영 일가의 정착을 전후한 시점에 서간도에는 신민회 주요 인사인 이동녕, 이상룡, 김대

신흥강습소 옛터로 추정되는 곳.

(박도 제공)

락, 허혁, 여준, 김동삼, 이관직 등 전통 명문가도 서간도로 망명 이주했다. 이들 명문가의 망명은 신민회의 독립군기지 개척과 뜻을 같이한 것이었다. 이회영 일가는 먼저 독립운동과 한인 사회를 이끌 무관학교 설립과 자치기관 설립을 서둘렀다. 그렇게 설립된 것이 만주한인 혁명결사의 효시로 평가되는 경학사와 신흥강습소였다.

　1911년 이회영은 이상룡 등 동지들과 경학사를 설립하고 자신은 내무부장으로 경학사 업무를 총괄했는데, 이것은 평소 앞에 나서지 않고 뒤에서 조용히 자신의 일을 처리하던 그의 성품에서 비롯된 것이었다. '일하고 배우자'는 의미로 붙여진 경학사는 자급자족할 농업 등 실업을 장려하고 군사 훈련을 시키기 위한 단체로 출발했으나, 이주민이 늘어남에 따라 자치제를 실시하는 등 한인 자치기관으로 변모했다. 후일 경학사는 부민단-한족회-통의부-참의부-정의부-국민부로 이어지면서 1910년대부터 1920년대까지 만주지역 항일무장투쟁을 선도했다.

　이어서 이회영은 경학사 안에 만주 지역 한인 군사 교육의 효시로 일컬어지는 독립군 양성기관인 신흥강습소를 설립했다. 신흥강습소는 1911년 겨울 변영태, 성주식 등을 졸업시킨 이후, 신흥무관학교로 발전하면서 다수의 독립운동가를 양성·배출했다. 소설 《아리랑》의 주인공 김산도 이 학교 출신이며, 봉오동 전투와 청산리 전투를 승리로 이끈 주역 역시 이 학교 출신들이었다. 또한 광복군의 김학규, 그리고 지청천, 신팔균, 오광선 등 독립운동가, 의열단을 조직한 김원봉, 이종암, 신철휴, 서상락, 이성우, 한봉근, 한봉인 등도 신흥무관학교 출신

고종의 죽음. 고종의 갑작스런 죽음으로 사람들은 더 큰 혼란과 상심에 빠지게 되었다.

이다. 이렇게 만주 지역 항일무장투쟁의 효시는 경학사와 신흥무관학교였는데, 이것은 이회영이 적극적으로 앞장서 노력한 결실이었다.

이처럼 경학사와 신흥무관학교의 운영은 이회영 일가가 망명하면서 가지고 온 재산으로 충당되었으나, 1911년 대흉년으로 경학사가 해체되었다. 1912년 경학사 후신인 부민단을 조직한 이회영은 일제가 자신과 동지들을 암살하기 위해 비밀리에 형사대를 파견했다는 소식을 접하자, 군자금과 부민단 운영 자금을 마련하기 위해 주위의 만류도 뿌리치고 1913년 단신으로 국내로 잠입했다.

민족의 자유를 위하여 — 아나키스트가 되다

귀국한 뒤 이회영은 바로 거액의 군자금 모집에 주력하는 한편, 1918년에는 광무황제(고종)의 중국 망명 계획을 추진했다. 이회영은 고종의 시종 이교영, 대원군의 사위이자 고종의 매부인 조정구, 조정구의 아들 조남승을 통해 고종에게 망명 계획을 상주해 승낙을 받아 냈다. 고종의 승낙을 얻은 이회영은 고종의 측근 민영달이 마련한 자금을 전달받고 망명을 준비하고 있었는데, 1919년 1월 고종이 갑자기 서거함으로써 계획은 수포로 돌아갔다.

고종의 사망에 충격을 받은 이회영은 3·1운동을 촉발시킨 독립만세 운동이 계획되고 있음을 알고 앞으로의 독립운동 방략을 논의하기 위해 1919년 2월 북경으로 건너갔다. 6년 만에 북경에서 동생 이시영과 동지 이동녕을 만난 이회영은 국내의 3·1운동 전개 상황을 주시하면서 중국 내 항일운동 세력 결집을 추진했다. 그러던 중, 여운형과 현순의 초청으로 두 형제는 상해로 건너가 대한민국임시정부 수립에 참여했다.

이시영, 이동녕과 함께 상해로 건너온 이회영은 이시영과 이동녕이 임시정부 수립에 찬성한 데 반해, 반대 입장을 취했다. 이회영이 '정부' 수립을 반대한 이유는 '정부' 형태의 구조가 지위와 권력 등의 문제로 분규가 끊이지 않을 것을 예상했기 때문이었다. 예상대로 임시정부 수립 과정에서 출신 지역 간의 파벌, 투쟁 노선 간의 대립이 극심해지자, 이회영은 1919년 5월 상해를 떠나 북경으로 돌아왔다. 이후 이회영은 후일 임시정부 주요 인사로 활동하는 이동녕, 이시영과는 다른 길을 걷게 된다.

북경으로 돌아온 이회영은 러시아 혁명에 관심이 많던 조소앙, 무정부주의에 심취되어 있던 이을규·이정규 형제, 재미한인 사회에서 항일무장투쟁을 선도한 박용만, 그리고 실천적 무정부주의자 신채호 등과 교류하면서부터 무정부주의로 전환하게 된다. 그러나 이회영이 무정부주의자로 변모하는 것은 이 시기가 분명하지만, 이미 그의 내면세계에는 그런 사상이 자리 잡고 있었고, 임시정부 수립 과정에서의 대립을 목격하고 자신의 생각을 더욱 강화했을 것이다.

> 나는 의식적으로 무정부주의자가 되었다거나 무정부주의로 사상을 전환했다고는 생각하지 않는다. 다만 내가 우리나라의 독립에 관하여 실현하려고 노력하는 나의 생각과 방법이 현대 사상의 견지에서 보면 무정부주의자들이 주창하는 것과 상통하기 때문에 남들이 그렇게 보는 것이다.
>
> — 이을규,《시야 김종진선생전》

이회영이 무정부주의에 동감한 것은 일찍부터 그가 '자유'와 '평등'에 대한 강한 의지가 있었기 때문이었다. 예컨대 청상과부가 된 누이동생을 사망한 것처럼 꾸며 가족들조차 속이고 장례를 치른 후 몰래 시집 보낸 일, 노비에게도 하대하지 않고 경어를 써서 호칭한 일, 자신의 종을 해방시켜 독립군으로 훈련받게 할 때 노비의 관습대로 존대를 하자, 그에게 종이 아니라 독립군임을 알려주면서 엄하게 꾸

지람했다는 일화는 억압적인 봉건 구조를 깨고 누구나 평등한 세상을 꿈꾸던 이회영의 자유로운 사고에서 비롯된 것이었다.

때문에 이회영은 3·1운동을 계기로 자신의 사고와 상통하는 무정부주의 운동에 전념하면서 모든 인간이 자유를 누리면서 평등하게 사는 사회를 꿈꾸었고, 무정부주의를 통해 그것을 실천하고자 했다.

> 독립 한국은 반드시 사민평등(四民平等)한 만민이 자유 평등을 누릴 수 있고, 따라서 공평하게 다 같이 행복을 누리며 자유 발전할 수 있는 기회가 균등하게 부여될 수 있는 사회가 되어야 한다. 그런 자유 한국을 세우기 위해서는 무정부주의자가 주장하는 자유 합의적인 자유 연합의 이상을 실현시켜야 한다. 나는 본래 무정부주의적인 자유사상가였다고 자임한다. 내가 남에게 지배받고 싶지 않으니 (……) 나도 남을 지배해서는 아니될 것이 아닌가. 지배 없는 세상, 억압과 수탈이 없는 세상이 우리 독립 한국에 실현되어야 한다는 것이 나의 일관된 정치적 견해이었다.
>
> — 이정규,《우관문존(又觀文存)》

이후 이회영은 신채호와 함께 한국 무정부주의 운동의 중심 인물로 활동하게 된다. 1923년 9월, 이회영은 우리에게 익히 알려진 동정호(洞庭湖)가 있는 중국 호남성 한수현 양도촌에 이상촌을 건설하려 했으나, 호남성의 내분으로 실패했다. 이상촌 건설에 실패한 뒤 이회영은 적극적인 행동노선을 보인다.

1924년 4월 비로소 재중국무정부주의자연맹을 조직하고 기관지

《정의공보(正義公報)》를 발행해 독립운동의 이론적 토대를 제공했다. 또한 아들 규학과 이석영의 아들인 조카 규준 등이 행동단체 다물단을 조직하자 다물단을 지도하는 한편, 1925년에는 다물단과 의열단을 합작시켜 일제의 밀정 김달하를 처단했다. 김달하 처단사건의 배후로 이회영이 지목되자, 이회영은 천진으로 거처를 옮기고, 굶주림에 지친 아내 이은숙은 어린 것들을 남겨두고 생계 자금을 마련하려고 국내로 떠났는데, 이것이 영원한 이별이 될 줄은 몰랐다.

1925년 11월 천진으로 옮긴 이회영은 극심한 가난에 시달린다. 1927년 무정부주의자 정화암은 그때의 상황을 이렇게 회상했다.

> 우당 이회영 집을 찾아갔더니 여전히 생활이 어려워 식구들의 참상은 말이 아니었다. 끼니도 못 잇고 굶은 채 누워 있었다. 학교에 다니던 규숙의 옷까지 팔아 겨우 입에 풀칠할 정도였기 때문에 누구 한 사람 나다니지도 못하는 형편이었다.
>
> ― 정화암, 《이 조국 어디로 갈 것인가》

마음만 달리 먹었으면 모든 부귀영화를 마음껏 누릴 수 있었을 명문가의 후손 이회영이 천진의 단칸 토막집 셋방에서 육순의 나이에 규숙, 규창, 현숙 등 어린 3남매를 데리고 일생 중 가장 어려운 생활고에 시달리면서도 재중국조선무정부주의자연맹 기관지 《탈환(奪還)》, 《동방(東方)》 등에 시와 묵란(墨蘭) 등을 게재하는 등 혁명가로서의 자세를 잃지 않았다. 그러나 혁명을 지속하기 위해 1928년 그는 아픔을 무릅쓰고 딸 규숙과 현숙을 홍숙경, 홍숙현으로 개명시켜 천진부녀구제원에 맡겼다.

계속된 항일운동, 암살 계획 그리고 체포

1930년 12월에는 정화암 등 무정부주의자들과 천진 일본조계 내에 있던 중일합자은행 '정실은호(正實銀號)' 습격을 결의해 성공적으로 일을 마무리했다. 물론 사건의 배후는 이회영이었다. 이 사건으로 무정부주의자들이 더 이상 천진에 체류할 수 없게 되자, 이회영 등은 북만주에 운동 기반을 마련할 것을 결심했다. 이때 정화암 등 젊은 동지들은 이회영의 북만주행을 만류했다. 정화암 등은 이회영의 딸 규숙, 현숙을 데리고 북만주로 떠나고, 이회영은 후배 동지들의 권유로 동생 이시영 부자와 둘째 아들 규학 내외가 있는 상해로 아들 규창만을 데리고 건너갔다.

> 선생은 본래 철석같은 심장의 혁명가이다. 그러나 인간적으로는 다정다감한 분이다. 이역 멀리 떨어진 외진 땅에서 어린 자녀들에게 인간으로서 당하지 못할 고생을 시키고도 또 부족하여 북만 황무지로 그 자매를 떠나 보내게 되니, 어찌 가슴이 아프지 아니하고 눈이 뜨겁지 아니하였으랴! (……) 이번 부녀의 이별이 영원한 이별인 양 마음이 아니 놓이고

가슴이 아팠던 것이다. 선생은 밤이 새도록 규숙을 훈계하고 격려하며 어린 현숙을 어루만져 주기를 마지아니하였다. 눈물을 모르는 선생의 나이 든 얼굴에도 몇 번이고 안개가 서리었다.

— 이정규, 《우당 이회영 약전》

이회영이 상해로 온 직후인 1931년, 이회영은 만주에서 활동하던 동지들의 사망 소식을 연이어 접하게 된다. 1930년 김좌진이 암살되었고, 그해 7월에는 재만무정부주의자연맹 위원장이었던 김좌진의 사촌 김종진이 서른한 살의 젊은 나이로 공산주의자들에 의해 피살되었다.

그러던 중 1931년 9월 만주사변이 일어나자, 남화한인청년연맹 소속 맹원인 백정기, 정화암, 이강훈 등이 대거 상해로 건너오면서부터 다시 활기를 띠게 된다. 원로로서 남화한인청년연맹을 지도하던 이회영은 만주사변 직후 중국의 무정부주의자 왕아초, 화균실 등의 방문을 받았다. 이들과 항일투쟁 방략을 논의한 이회영은 그해 10월 한국·중국·일본의 무정부주의자들과 더불어 항일공동전선 구축을 위해 항일구국연맹을 결성하고 의장이 되었다. 이때부터 이회영은 항일구국연맹과 함께 일본 요인 및 군경 암살, 중국 내 친일분자 숙청, 영사관 등 주요 기관 폭파를 주요 목표로 삼고 실천에 옮기기 시작했다. 남화한인청년연맹이 주축이 된 항일구국연맹은 산하에 '흑색공포단'이라는 행동대를 조직하고 복건성 하문의 일본영사관 폭파를 비롯해 1932년 1월 천진항 부두에 정박해 있는 일본의 1만 톤급 군수물자

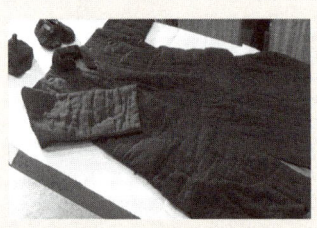
대련 수상 경찰서에서 시신으로 발견될 당시 입고 있던 의복.

수송선 폭파, 천진의 일본영사관 폭파 등 맹렬한 활동을 전개했다. 흑색공포단을 중심으로 전개한 이 항일무장투쟁은 이회영과 정화암이 지휘했고, 중국인 왕아초가 재정과 무기 공급 책임을 맡았다.

그러나 항일구국연맹원 화균실 등이 대일 굴욕외교를 추진한 중국 국민당 외교부장 왕정위를 처단하려다 미수에 그친 사건이 발생하자 중국 국민당과 균열이 생겨 중국의 항일구국연맹원 왕아초, 화균실 등은 홍콩으로 피신하게 되었다. 이후 항일구국연맹의 활동이 타격을 입게 되자, 이회영은 1932년 9월 중국 무정부주의운동의 원로인 오치휘, 이석증 등을 방문해 대일투쟁노선을 협의했다. 이때 이석증 등은 만주에서 공동 항일전선을 전개하면 중국 정부가 만주에 있는 한인들에게 자치구를 인정할 수 있다는 견해를 피력했다. 이 의견에 찬동한 이회영은 그해 10월부터 항주의 이시영을 비롯해 김구, 이동녕 등과 만나 상의하는 한편, 상해의 남화한인청년연맹 출신 무정부주의자 백정기, 원심창, 정화암, 유자명 등과도 상의했다. 이회영은 만주에 연락해 근거지를 마련하고, 정보를 수집하며, 사위 장기준을 앞세워 지하 조직을 만들 것을 계획했다. 이것은 이회영 자신이 먼저 만주에 새로운 독립운동 근거지를 창설해 독립운동의 전기를 불러일으키겠다는 의도였다. 이렇게 만주 지역에 지하 조직 결성을 계획할 즈음, 관동군사령관 무토(武藤)의 방문 소식을 들은 이회영은 관동군사령관 암살 계획까지 수립했다. 그런데 당시 만주는 일본군이 점령해 삼엄한 경계를 펼치고 있던 관계로 다들 이회영의 만주행을 말렸으나, 여생을 만주에서 항일투쟁으로 마치기로 결심한 이회영의 신념을 막을 수는 없었다.

이회영의 만주행 결심이 확정되자, 동지 유자명과 백정기는 만주행은 위험하니 어느 누구에게도 발설하지 말고 극비리 출발할 것을 당부했으나, 이회영은 둘째 형 이석영에게만은 어찌 작별을 않고 떠날 수 있는가 하고 아들 규창을 데리고 인사를 드리러 갔다. 이것은 형 석영이 자신의 뜻에 동의하여 선뜻 양가(養家)의 엄청난 재산을 모두 팔아 신흥학교 설립과 운영에 쓰고 늘그막에 고초를 겪고 있는 것에 대한 예의였을 것이다. 이회영은 석영에게 만주행 계획을 말했는데, 그 자리에는 이석영의 둘째 아들 규서(1912~1933)와 임시정부 요인 연병호의 조카이자 엄항섭의 처남인 연충렬이 함께 있었다. 헌데 이 인사가 끝내 이회영을 죽음으로 몰고 간 셈이 되었다.

1932년 11월 초겨울 저녁, 아들 규창의 배웅을 받으며 이회영은 66세의 노구를 이끌고 상해 황포탄에서 일본 관동군 총사령부가 있는 대련으로 향하기 위해 배에 올랐다. 대련에 도착하자마자, 이회영은 그곳에서 기다리고 있던 수상경찰(水上警察)에게 체포되었다. 이들이 이회영을 기다리고 있었던 것은 이회영의 대련행이 밀정에 의해 일본 경찰에 전달되었고, 상해의 일본 경찰은 이 사실을 즉시 대련에 연락 했기 때문이었다.

체포되고 며칠 뒤인 1932년 11월 17일, 일본 경찰의 문초를 받던 중 고문을 견디다 못해 66세의 '꺾이지 않던 무정부주의자'가 세상을 떠났다. 당시 대련 경찰서는 이회영이 삼노끈에 목을 매 자살했다고 발표했다. 그러나 이 발표에 의문을 품은 당시 국내《중앙일보》는 4일 뒤인 11월 21일자 신문에서 '대련 수상서(水上署) 유치 중, 괴(怪)! 액사(縊死)한 노인'이라는 제목으로 이회영의 죽음에 의문을 제기했다. 관동청 경무국은 관련 사실을 전면 부인했으나, 아버지의 부고를 접한 딸 규숙이 아버지의 시신을 수습하러 가서 시신을 보았을 때 피가 낭자하고 겉옷에도 피가 많이 묻어 있어 고문에 의한 사망임을 알아챌 수 있었다. 그의 주검은 딸 규숙의 손에 의해 화장되어 장남 규룡이 모시고 와 개풍군 중면 송산리 선산에 안장되었다.

한편 이회영의 순국 이후 남화한인연맹은 정보를 제공한 일본 밀정을 색출하기 시작했다. 그런데 그 정보를 흘린 사람은 이회영이 형 석영에게 인사를 드리러 갔을 때, 동석한 연충렬과 이규서였다. 이들은 상해조선인거류민회 회장 이용로의 마수에 걸려 숙부의 만주행 정보를 누설하는 과오를 범한 것이다. 이때 이규창은 두 사람을 유자명이 근무하던 상해 교외 남상입달농촌학원으로 보냈고, 그곳에서 기다리던 남화한인청년연맹 출신 백정기, 엄순봉 등에 의해 조사를 받은 뒤 처단되었다. 이 일로 이석영 일가는 대가 끊기고 말았다.

망명 생활 그리고 가족들

이회영 가문은 예로부터 문벌이 높은 집안을 뜻하는 '삼한갑족(三韓甲族)'이라 일컬어지는 명문가였다. 이회영의 10대조인 백사 이항복 이후 직계 조상들 중 9대조 정남을 제외하고는 모두 대과(大科)에 합격해 정승, 판서, 참판 등 고위 관료를 지낸 쟁쟁한 명문가였다.

〈경주 이씨 이회영 직계 가계도〉
항복 - 정남 - 시술 - 세필 - 태좌 - 종성 - 경륜 - 정규 - 계선 - 유승 - 회영

뿐만 아니라 방계까지 합친다면 경주 이씨 백사공파는 이항복 이래 9명의 영의정과 1명의 좌의정 등 10여 명의 재상을 배출한 걸출한 집안이었다.
때문에 이회영 가문에는 경주 이씨 백사공파만의 가문 상신록이 전해 내려오고 있다고 한다. 그러나 이회영 가문이 명문가로 대접받는 것은 단지 재상을 많이 배출한 집안이기 때문만은 아니다. 이회영 가문은 삼한갑족 출신이면서도 '교목세신(喬木世臣)' 가문이었기에 그

빛을 더욱 발하는 것이다. 교목세신이란 여러 대에 걸쳐 중요 지위에 있으면서 나라와 운명을 함께한 신하를 일컫는 말로서, 이것이 진정한 한국의 '노블레스 오블리주'를 실천한 가문을 일컫는 말이다.

이회영의 10대조 백사 이항복은 우리에겐 '오성과 한음'으로 잘 알려진 오성 부원군으로, 임진왜란 당시 다섯 차례나 병조판서로 임명되어 국난을 수습한 뒤 영의정까지 오른 청백리로서, 당쟁의 소용돌이 속에 소신껏 폐비 반대를 주청하다가 귀양지인 북청에서 세상을 떠났다. 그러나 이항복의 진면목은 왜란 당시 피난길에 오른 선조 임금이 왜군의 북상 소식에 압록강을 건너 중국으로 망명하려 하자, 이것을 적극 만류한 것에서 드러난다. 이후 이 소식이 전해지면서 양반을 비롯한 백성들이 의병을 조직해 전세를 역전시킨 끝에 왜란을 승리로 이끈 대목은 국가가 위기에 처했을 때, 지도자가 해야 할 덕목이 무엇인가를 시사해 준다.

7대조 이세필은 고위 관료의 잘못을 간언하다 수차례 귀양 가는 등 어려움을 겪으면서도 고위 관직에 제수될 때마다 거절하고 학문에 힘을 쏟았다. 6대조 이광좌는 소론의 거두로 영조에게 탕평책을 상소하여 당쟁을 없애기 위해 노력하다 탄핵을 받자, 자신의 결백을 주장하기 위해 단식 끝에 사망한 분이다. 또한 5대조 이종성은 암행어사로 전국을 누비며 탐관오리들을 처벌하는 등 박문수와 함께 청렴 강직한 인물로 명성이 자자했다. 그리고 부친 이유승은 고종 때 형조판서와 이조판서 등을 지낸 인물로 '을사조약' 반대 상소를 올리다가 울분을 참지 못하고 병을 얻어 이듬해 사망했다. 경주 이씨 백사공파의 이런 정신은 그의 집안이 현실개혁적인 소론의 명문가였다는 데서 나온 것이며, 국가가 망해 가자 그 정신으로 일가 형제와 가족이 모두 일치단결해 평생을 먹고도 남을 재산을 털어 독립운동에 투신한 것이었다. 아버지 이회영의 뒤를 이어 항일투쟁에 앞장섰다 일제에 체포되어 옥고를 치르던 중 해방의 몸이 된 이규창은 전 가족이 독립운동에 투신한 이유를 묻자, 서슴없이 가문의 혈통에서 나온 소산이라고 대답했다 한다.

그러나 이런 이회영의 여섯 형제, 가족 50여 명이 선택한 망명 생활은 고통 그 자체였다. 특히 서간도의 망명 생활 중 가장 괴로웠던 것은 혹독한 추위와 바람이었다. '공기가 쨍하게 얼어붙은 것 같은' 추위와 굶주림에 비명횡사하는 경우가 적지 않았으며, 마실 물이 없어 눈을 녹여 먹다가 노인과 아이들은 '만주열'이라고 하는 풍토병까지 얻어 죽는 경우가 비일비재했다. 특히 이시영의 아들 이규봉의 자식 남매는 쌀을 구할 수 없어 아침저녁으로 수수밥만 먹다 보니 홍역을 앓았을 때 이것이 중병이 되어 사망하였고, 이 일로 이시영의 부인 박씨도 병을 얻어 1916년 사망하고 말았다. 또한 신흥무관학교 교사로 활동하던 이규봉 역시 정신병 증세를 보였으나, 만주에서는 치료할 수 없기 때문에 할 수 없이 귀국했다.

이런 상황은 이회영도 마찬가지였다. 그러나 굶주림을 참을 수 없었던 아들 규창은 서너 살 때 옥수수밥에 질려 있던 중, 사촌 규서가 쌀밥을 먹는 것을 보고 규서를 파묻기 위해 삽으로 땅을 팠다고 한다. 특히 1913년 이회영이 귀국한 뒤, 이은숙은 홀로 간도에 남아 사나흘

같이 옥수수 밭 소출을 가지고 3남매와 사위, 일꾼 등 13명의 생계를 꾸려야 했다.

양식이 떨어지면 둘째 댁(이석영)에게 자루 강냉이 두 부대를 보낸다. 강냉이를 따서 3주가 되면 그걸 연자(방아)에 갈면 겨 나가고 쌀이 두 말도 못되니 며칠이나 먹으리오. 할 수 없이 다섯째 댁(이시영)으로 합쳐 같이 살게 되니, 지각없는 어린 것을 데리고 지낼 걸 지내리오.

— 이은숙, 《민족운동가 아내의 수기》

굶주림과 죽음 외에 목숨을 위협하는 또 다른 요소는 마적들의 습격이었다. 1913년 이회영이 귀국한 뒤 이은숙은 마적 떼의 습격을 받아 총알이 어깨를 뚫고 가는 관통상을 입었고, 3살배기 딸 규숙과 6개월된 규창 역시 피투성이가 되었다. 이 상처로 이은숙은 육신을 제대로 움직이질 못해 누워 있는 생활을 계속해야 했고, 아들 규창은 화로에 엎어져 평생 얼굴과 손에 흉터가 남은 채 살게 되었다.

이처럼 이역만리 만주에서 이회영 대소가의 삶은 파란만장 그 자체였다. 이회영의 형제는 본래 아들 7형제와 딸 2명이었으나, 여섯째 소영이 1903년 사망하는 바람에 건영(1853~1940), 철영(1855~1934), 석영(1863~1925), 시영(1869~1953)의 뒤를 이어 호영(1875~1933)이 여섯째가 되었다.

장남 건영(1853~1940)은 만주로 함께 망명을 떠난 6형제 중 가장 먼저 1914년 귀국했다. 그가 귀국한 이유는 만주에서의 독립운동이

장기간 지속될 것이라는 판단 아래 종손으로서 5대조 이종성의 불천위(不遷位)를 모시고 집을 지키기 위하여 1914년 경기도 장단 오목리로 귀향했다. 후일 이회영의 유해가 봉환되었을 때, 그는 경기도 장단에서 장례위원장으로 활동하였다.

건영의 장남 규룡(1887~1955)은 본래 이회영의 장남으로 양자가 된 것이었다. 망명할 때 신흥학교 선생으로 근무하다가 1914년 양부 건영과 함께 일시 귀국했고, 1919년 이후에는 생부 이회영과 긴밀하게 연락해 국내와 만주·북경을 왕래하면서 독립운동을 전개했다. 해방 후에 귀국했지만 1950년 6·25전쟁이 일어나자, 아들 3형제를 데리고 부산으로 피난 간 뒤 사망했다.

건영의 차남 규면(1893~1930)은 신흥학교를 졸업하고 상해에서 독립운동을 하다가 병으로 사망했다. 3남 규훈(1896~1950) 역시 신흥학교를 졸업하고 독립운동에 매진하다가 해방 후 네 아들과 함께 귀국해 대한민국 국군 창설에 참여하는 등 건국 사업에 투신했으나, 6·25 전쟁 당시 공군 대위로 참전했다가 실종되었고, 규훈의 아들 종육 역시 6·25 때 전사했다.

차남 석영(1885~1934)은 일찍이 고종 때 영의정을 역임한 이유원의 양자로 들어가 좌부승지 등을 역임했으며, 여섯 형제 중에서 으뜸가는 재산가였다. 서간도로 망명할 때 만여 석의 농토를 팔아 대소가 식구들의 만주 생활비는 물론 경학사와 신흥무관학교 창설 자금, 그리고 이동녕 등 독립운동 지사들에게 땅과 집을 사주는 등 거의 모든 운영비와 독립운동가의 생활비를 전담하다시피 했다. 이런 희생으

대한민국 초대 부통령을 지낸 이시영과 함께한 이승만 대통령.

로 간도 지역에 독립군기지 건설의 초석이 놓이게 되었다. 후일 독립운동 기관지 《한민》 제3호의 한 기자는 신흥무관학교의 유일한 공로자는 바로 이석영이라고 평했다.

그러나 몇 년이 채 되지 않아 그가 가지고 간 모든 재산은 바닥났고, 1920년대부터 그의 생활은 궁핍 그 자체였다. 1937년 일제가 만주를 점령한 뒤부터 그는 봉천, 천진, 북경, 상해 등지를 떠돌아 다녔으나, 그를 돌보는 사람은 거의 없었다. 때문에 중병까지 얻게 되자, 막내 호영이 중국 봉천으로 달려와 그를 국내로 모셔 병원에 입원시켰다. 그러나 이석영은 동생 호영에게 선비의 기개로 망명한 자가 한갓 생활고 때문에 뜻을 바꾸는 것은 부끄러운 일이니 다시 중국으로 갈 여비를 마련해 달라고 했다. 그러나 호영은 팔순이 넘은 형의 건강을 염려해 허락하지 않았다. 그 뒤 석영은 금강산을 구경한다고 하면서 여비를 얻어 중국 봉천을 거쳐 상해로 갔다. 그러나 상해에서 석영을 뒷바라지하는 이가 없자, 먹을 것이 없어 두부 비지 등으로 목숨을 연명하다가 끝내 숨을 거두었다.

그의 장남 규준(1899~1927)은 서간도 신흥학교를 졸업한 뒤, 1921년 사촌형 규학과 함께 다물단을 조직하고 일제 밀정 등을 처단하는 활약을 펼치다 북경 부근 석가장(石家莊)에서 채 서른도 되지 않아 병으로 요절했다. 차남 규서(1912~1933)는 이회영을 죽음에 이르게 한 밀정으로 밝혀져 처형당하는 등 석영이 사망했을 때는 단 한 명의 혈육도, 한 푼의 재산도 남아 있지 않았다. 때문에 이석영이 숨을 거뒀을 때는 대가 끊긴 상태여서, 그의 주검은 프랑스 조계(租界) 내 공동묘지에 묻힐 돈조차 없어 하층민 중국인들이 묻히는 공동묘지에 겨우 매장되었다고 한다.

3남 철영(1863~1925)은 만주에서 신흥무관학교 교장으로 활동하다가 중국 봉천으로 옮긴 뒤 병을 얻어 1924년 세 아들을 데리고 귀국해 경기도 장단에서 살다가 이듬해 별세했다. 철영의 장남 규붕(1913~1966)은 어릴 때 아버지를 따라 귀국해 장단의 큰댁 건영 댁에서 지냈고 성장한 뒤에는 농사를 지으면서 생활했다. 철영의 차남 규상도 장단에서 농사를 짓다가 6·25 때 부산으로 피난해 상업에 종사했고, 3남 규화 역시 부산에서 살고 있다.

4남 이회영 역시 중국과 만주 대륙을 무대로 혁명가로 활동했지만, 가족들의 희생은 이루 말할 수 없었다. 중국의 빈민가를 전전한 이회영은 돈이 떨어지면 '석파란'을 그려 생계를 잇곤 했다. 1925년을 전후한 시점은 특히 그랬다. 김달하 처단 사건으로 딸 규숙은 1년 가까이 중국 공안에 끌려가 고생했고, 식구들은 굶다 못해 할 수 없이 아우 호영에게 의탁했는데, 호영 역시 경찰서로 끌려갔다. 게다가 이회영의 아들 규학의 두 딸이 급성전염병인 성홍열에 걸려 죽은 데 이어 생후 6개월 된 이회영의 아들마저 사망하고, 딸 현숙은 늑막염에 걸려 사경을 헤매는 등 집안 꼴은 살아도 사는 게 아닌 형국이었다.

회영의 장남 규룡은 백부 건영의 양자로 출계했고, 차남 규학(1896~1973)은 만주에서 신흥무관학교를 졸업하고 일시 귀국해 흥선대원군의 외손녀 조계진과 결혼했다. 1919년 아버지와 함께 북경에서 독립운동을 전개하다가 사촌 규준과 함께 다물단을 조직하고 일제 밀정인 김달하 등을 처단하였다. 이후 경찰의 추적을 피해 1925년 상해로 가서 활동하는 동안 아들 3형제와 딸 둘을 낳았으며, 1940년 상해의 헌병대로 끌려가 고문을 받다 고막이 터지는 바람에 청각 장애로 어려운 생활을 했다. 광복 후 숙부 이시영이 임시정부 요인과 함께 귀국할 때, 가족과 함께 돌아왔다. 전 국정원장 이종찬이 그의 아들이다.

회영의 3남 규창은 어린 시절부터 항상 아버지 곁에서 손발 구실을 했던 관계로 부친과 관계를 맺고 있던 독립운동가들과 친분이 있었으며, 무정부주의에도 심취해 남화한인청년연맹에 가입해 활동했다. 1932년 부친이 고문사 당한 뒤, 부친을 밀고한 밀정을 추적해 그 진상을 밝혀내며 밀정들을 처단했다. 이후 1933년 아버지의 뒤를 이어 남화한인청년연맹원 이강훈, 백정기, 원심창 등과 더불어 일본공사 아리요시(有吉明)의 암살을 시도했으며, 1934년에는 엄순봉과 함께 상해조선인거류민회 회장 이용로를 처단하였다. 이 사건으로 남화한인청년연맹 맹원들과 함께 체포된 규창은 서울로 압송되어 엄순봉 사형, 백정기·원심창이 무기징역을 받을 때, 징역 13년을 언도받았다. 그 뒤 마포 형무소에 복역 중 민족의식 고취 전단을 살포한 혐의로 다시 공판을 받아 경성 형무소(서대문 형무소)로 이감되었다. 1938년에는 옥중에서 알게된 홍남 지역 혁명적 노동조합을 이끈 박세영과 함께 격렬한 반제구호를 담은 문서를 인쇄·배포한 혐의로 재판을 받아 징역 10월형이 추가되어 광주 형무소로 이감되었다가 해방으로 출옥했다. 출옥한 뒤, 옥중에서 알게 된 독립운동가 정이형의 딸과 혼인했다.

　회영의 4남 규동은 독립운동의 와중에 모든 가족이 흩어져 있을 당시인 1926년 경기도 장단에서 태어났으나, 생전에 한 번도 아버지를 뵙지 못했다. 늘 부모와 떨어져 있던 그가 형 규창을 본 것 역시 11살 때 공판정에서였다. 어려운 생활 형편 탓에 12살 때 누이 현숙과 함께 만주 신경에 있는 규숙의 집으로 갔는데, 그는 그때까지 호적에 오르지도 못했다. 15살 때 신경에서 다시 어머니를 만나 신경 상업중학을 다녔으며, 1945년 봄 졸업과 동시에 광주 옥중에 있는 형 규창을 면회하고는 신경으로 돌아갔다. 해방되던 이듬해 피난 단체에 끼여 귀국했다. 국회의원 이종걸이 그의 장남이다.

　5남 이시영은 형제 중 해방 후 유일하게 생존한 사람이었다. 76세의 최고령 나이로 환국한 이시영은 대한민국 초대 부통령을 역임했다. 그러나 이승만 정권의 부정부패 등을 보고만 있을 수 없게 되자,

이승만의 실정과 무능, 그리고 부패를 강하게 비판하면서 〈국민에게 고함〉이라는 글을 발표하고 부통령직을 사임했다. 이때 그의 글은 마지막 남은 이회영 일가다운 면모를 보였다.

> 1948년 7월 20일 뜻밖에도 국회에서 나를 초대 부통령으로 선임했을 때에 나는 그 적임이 아님을 모른 바 아니었으나, 이것이 국민 전체의 뜻인 이상 내가 사퇴한다는 것은 도리어 국민의 기대를 저버리는 것이라는 생각으로 심사숙고 끝에 맡지 아니치 못했다는 것을 여기에 고백한다. 그 뒤 세월이 바뀌는 3년 동안 오늘에 이르기까지 나는 대체로 무엇을 하였던가. 내가 부통령의 중대한 책임을 맡음으로써 국정이 얼마나 쇄신되었으며 국민은 얼마나 혜택을 입었던가. 뿐만 아니라 대통령을 보좌하는 것이 부통령의 임무라면 내가 취임한 지 3년 동안에 얼마만큼 대통령을 잘 보필하였던가. 하나로부터 열에 이르기까지 나는 그야말로 직책을 다하지 못하고 한갓 자리만 차지하고 녹을 받아먹었던 데 지나지 못했던 것이다.
>
> — 이시영, 〈국민에게 고함〉, 1951년 5월

시영의 장남 규봉(1889~1963)은 김홍집의 외손으로 만주에서 경학사와 신흥학교가 설립되었을 때 본과 교사로 있었으며, 모친상을 당하자 귀국하여 3년상을 치렀다. 그 후 중국 북경으로 망명해 독립운동을 전개했으며, 해방 전 귀국했다. 해방 후 부친과 함께 신흥무관학교부활위원회를 조직한 뒤 신흥전문학원을 설립하고, 1949년 신흥 대학으로 개칭되자 초대 학장을 지냈다. 그에게는 자식이 없어 동생 규홍(1905~1953)의 차남 종건을 양자로 들여 대를 이었다. 시영의 차남 규홍도 부친을 따라 만주와 북경, 상해 등지로 다니며 독립운동에 전념했고, 부친이 중국 중경에 있을 때 헤어졌다가 해방 후 귀국할 때 부친과 함께 귀국해 부통령 비서실에 근무했다.

막내 호영(1875~1933)은 중국에서 활동하다가 귀국한 뒤 둘째 형 석영이 다시 중국으로 돌아가자, 그를 쫓아 다시 중국으로 들어갔다. 그러나 1933년 이호영과 그의 아내 그리고 두 아들 규황과 규준 등 네 식구는 북경으로 간 뒤, 아무런 흔적도 없이 몰사하고 말았다. 이처럼 3부자의 죽음으로 호영 집안도 자손이 완전히 끊어지고 말았다. 현재 석영과 호영 집안은 호적에도 올라 있질 않고, 가문의 족보에도 기록이 잘 나타나지 않는 등 그 흔적도 점차 사라지고 있다.

이처럼 대대로 높은 벼슬을 한 명문가에서 여섯 형제와 전 가족 50여 명이 겪은 수난과 희생은 말할 수 없었으며 함께 떠난 여섯 형제 중 석영·회영·호영 3형제는 중국에서 세상을 떠났으니, 해방 후 형제 중 살아 돌아온 사람은 오직 이시영뿐이었다.

이처럼 가문의 대가 끊기고 집안이 쑥대밭이 될 정도로 한 가문 전체가 독립운동에 헌신한 것은, 그들에게 뿌리 깊이 박힌 이 나라와 민족을 책임져야 할 전통 명가로서의 선비정신 때문이었을 것이다. 아직도 이회영 일가는 장학재단을 설립해 지금까지 1,000여 명을 훨씬 상회하는 독립유공자 후손들의 학업을 지원하고 있다. 그리고 이회영 집안의 흔적과 명맥은 종로 신교동에 위치한 우당기념관에 고스

란히 간직되어 있다. 월남 이상재는 후일 이렇게 말했다고 한다.

해방되면 우당 집안의 재산은 국가에서 되돌려 주어야 한다!

그러나 과연 우리가 이회영 일가에게 빚진 것이 재산뿐일까?

4

황현_ 망국에 대처하는 선비의 자세

정신문명을 토대로
국가의 자존심을 생각하다

내가 가히 죽어 의를 지켜야 할 까닭은 없으나, 다만 국가에서 선비를 키워 온 지 500년에 나라가 망하는 날을 당하여 한 사람도 책임을 지고 죽는 사람이 없다. 어찌 가슴이 아프지 아니한가? 나는 위로 황천에서 받은 올바른 마음씨를 저버린 적이 없고 아래로는 평생 읽던 좋은 글을 저버리지 아니하려 길이 잠들려 하니 통쾌하지 아니한가? 너희들은 내가 죽는 것을 지나치게 슬퍼하지 말라.

민회수 :: 서울대학교 국사학과 강사

황현
1855~1910

매천 황현은 1855년(철종 6) 음력 12월 11일에 전라남도 광양현 서석촌에서 한미한 시골 선비인 아버지 황시묵과 어머니 풍산 노씨 사이에서 3남 2녀 중 장남으로 태어났다. 원래 그의 집안은 세종대의 명재상으로 유명한 황희가 있었고, 인조대에 사간원 정언을 지냈으며, 병자호란 때 남원에서 의병을 일으켜 큰 전과를 거둔 황위 등을 배출한 걸출한 사대부 가문이었다. 그러나 점차 세력이 기울어 농민이나 다름없는 몰락 양반층이 되었다. 따라서 그의 고조부·증조부 대에 이르기까지 대체로 매우 가난한 생활을 했으나, 다행히 황현의 조부가 재산 증식에 힘써서 영락했던 가세를 일으킬 수 있었다. 이것을 통해 매천이 학문에 매진할 수 있는 터전이 마련되었다. 더욱이 아버지 시묵의 학문 수준은 그리 높은 편은 아니었으나, 집에 1,000권의 책을 구비하고 아들 매천의 입신양명을 위해 온간 정성과 노력을 기울였다고 한다. 이렇듯 매천은 책과 학문을 가까이하는 환경에서 성장했는데, 어릴 때부터 총명하고 어떤 글이라도 한 번 읽거나 가르침을 받은 것은 평생을 두고 잊은 적이 없었으며, 오늘 한 구절을 읽으면 내일은 두 구절을 읽어 글 읽는 수준이 성숙한 어른이나 마찬가지였다고 한다.

이후 24세 되던 1878년(고종 15)에 서울에는 대학자가 많다는 말을 듣고 5백리 길을 걸어서 상경하게 되는데, 이때 만난 당대 최고의 문장가인 강위, 김택영과 교유하면서 역사와 시문에 보다 깊은 조예를 가지게 되었고, '구한말의 3대 시인' 중 하나로 평가받을 만큼 높은 경지에 이르게 되었다.

유작이 된 절명시

1910년 9월 10일 새벽, 전라남도 구례의 자택에 머물고 있던 황현(호는 매천(梅泉))은 떨리는 손으로 붓을 들어 종이에 글을 써 내려가기 시작했다. 시각은 야사경(夜四更, 새벽 1시~3시 사이의 시간)이었으며, 머리맡에는 술과 아편이 놓여 있었다. 한말 3대 시인으로 유명한 인물답게 그가 적기 시작한 것은 네 수의 시였다.

亂離滾到白頭年　어지러운 세상에 떠밀려 머리가 하얗게 세도록
幾合捐生却未然　몇 번이고 목숨을 끊으려다 이루지 못했도다.
今日眞成無可奈　오늘에야 참으로 어쩔 수 없는 지경에 이르렀으니
輝輝風燭照蒼天　가물거리는 촛불이 번쩍번쩍 창천(蒼天)에 비치도다.

妖氛晻翳帝星移　요망한 기운이 하늘을 가려 제성(帝星)이 옮겨지니

윤곡·진동

윤곡은 남송(南宋)대에 살았던 인물로, 몽고군의 침입으로 나라가 망하게 되자 스스로 자신의 집에 불을 지르고 장렬한 최후를 맞았다. 반면 진동은 북송(北宋) 말기의 인물로, 흠종(欽宗)이 즉위하자 상소문을 올려 간신들의 처단을 주장했으며, 충신인 이강(李綱)이 파직당하자 이에 강력히 반대하는 내용의 글을 올렸다가 결국 죽임을 당했다. 따라서 황현이 스스로 진동의 행동을 취하지 못해서 부끄럽다는 것은 결국 을사오적(乙巳五賊) 같은 친일파들의 처단을 강력하게 주장하는 글을 정부에 올리는 행동을 취하지 못했음을 아쉽게 생각하는 내용으로 추정할 수 있다.

九闕沉沉晝漏遲 　대궐은 침침한데 시각이 더디구나.
詔勅從今無復有 　조칙(詔勅)은 이제 다시 내리지 않을 것이니
琳琅一紙淚千絲 　구슬 같은 눈물이 주르륵주르륵 얽히는구나.

鳥獸哀鳴海岳嚬 　새와 짐승들이 슬피 울고 강산도 찡그리네.
槿花世界已沉淪 　무궁화 온 세상이 이젠 망해 버렸구나.
秋燈掩卷懷千古 　가을 등불 아래 책 덮고 지난날 생각하니
難作人間識字人 　인간 세상에 글 아는 사람 노릇하기 어렵기만 하구나.

曾無支廈半椽功 　일찍이 나라를 지탱함에 조그마한 공도 없었으니
只是成仁不是忠 　충(忠)은 아니요, 단지 인(仁)을 이루려 함이로다.
止竟僅能追尹穀 　겨우 능히 윤곡(尹穀)을 따르는 데 그칠 뿐이요,
當時愧不躡陳東 　당시의 진동(陳東)의 행동을 취하지 못함이 부끄럽구나.

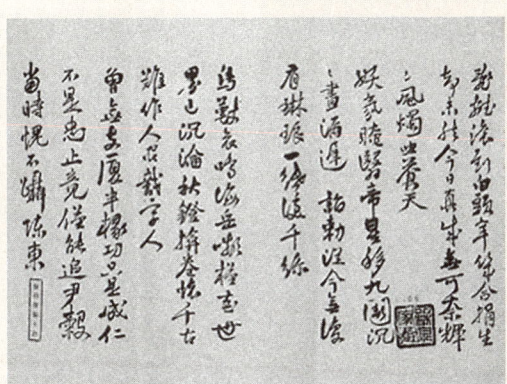

절명시 원본.

1910년 8월 29일 한국이 일본에 병합된다는 내용의 교서가 발표된 뒤 그 소식이 전남 구례에 전해진 것은 일주일 정도 뒤인 9월 6일이었다. 마침 손님과 함께 바둑을 두던 매천은 그 내용이 실린 《황성신문》을 얻어 이 사실을 알게 되었고, 이후로 식음을 전폐하고 있었다. 9월 10일에 매천의 이웃에 사는 한 노인이 방문해 숙박을 청하자, 그는 자신은 당일 밤에 할 일이 있으니 아들의 침소에서 쉬라고 말하고 그를 물리친 뒤 방문을 걸어 잠근 채 그의 유작이 된 유명한 '절명시'를 지은 것이었다.

시를 다 지은 뒤 매천은 이어 일종의 유언서라고 할 수 있는 〈유자제서(遺子弟書)〉를 지었다. 여기서 그는 자신의 사후에 취할 조치들

자결하기 직전인 55세 때(1909년)에 서화가 김규진이 촬영한 황현의 사진. 2년 뒤에 채용신이 이 사진을 토대로 초상화를 그렸다. 2007년 이 사진과 초상화는 함께 보물 1494호로 지정되었다.

에 대해 지시하고 있다. 즉 상례를 간소하게 치를 것을 당부하면서, 자신이 생전에 지은 글들을 시(詩)와 문(文)으로 나누어 연도별로 분류한 뒤에 글을 보는 안목이 있는 사람에게 부탁해 빈틈없이 처리하도록 하며, 특히 서책(書冊)은 자신이 정력을 바쳐 지은 것이므로 잘 보관할 것을 부탁했다.

유언장 작성이 끝나자 매천은 머리맡에 있던 아편덩이를 술에 탄 뒤 입으로 가져갔는데, 아무리 자결을 결심했어도 죽기가 그리 쉬운 일은 아니었는지 세 번을 망설인 끝에 결국 입에 털어 넣었다. 그의 장남인 암현이 이 사실을 알고서 매천의 동생 황원에게 알렸고, 황원이

민영환. 명성황후의 조카로 일본의 내정간섭을 비판하다 대세가 기울자 자결하였다.

급히 달려와 남길 말이 없는가 물으니 매천은 "무슨 할 말이 있겠는가! 다만 내가 쓴 유서를 보라"고 말하며, 태연히 웃었다고 한다. 그러고는 얼마 지나지 않아 숨을 거두었으니 그때가 향년 56세였다.

매천의 유해는 본인의 유언에 따라 11월 21일에 구례 유산촌 뒷산 기슭에 매장되었는데, 당대의 유명한 시인이던 매천의 부고를 듣고 당시 수많은 우국지사들이 피 끓는 애도의 시를 그의 영전에 바쳤다. 특히 〈시일야방성대곡(是日也放聲大哭)〉으로 유명한 장지연(張志淵)은 당시 그가 주필로 있던 《경남일보(慶南日報)》(우리나라 지방 신문의 효시)에 이 절명시를 실었는데, 결과적으로 신문이 압수되고 정간을 촉발한 사건에서 볼 수 있듯이, 그의 죽음이 당시 조선 사회에 남긴 파문은 적지 않았다.

이와 비슷한 광경, 곧 나라가 망함을 한탄하며 자결을 결행하는 모습은 불과 5년 전에도 있었다. 그 주인공은 당시 시종무관장(侍從武

官長)이던 민영환(閔泳煥)인데, 을사늑약 체결에 항거한 그의 죽음도 수많은 우국지사들에게 큰 영향을 끼쳤다. 하지만 그의 죽음에는 매천의 선택과 결정적으로 다른 점이 있었다. 민영환의 경우 정부의 요직을 두루 거친 인물이었던 반면, 매천은 정부의 녹을 받은 일이 없었다는 점이다.

즉 민영환은 유럽주재 특명전권공사를 위시해 예조판서, 형조판서, 참정대신, 탁지부대신 등 정부의 높은 지위의 고관을 역임했다. 그렇기 때문에, 비록 죽기 직전에는 한직에 밀려나 있었다고 해도 을사늑약이라는 사실상의 국권 박탈 상황을 맞아 정부의 고관이 느끼는 책임 의식을 죽음으로 보여 준다는 점에서 그의 자결은 어느 정도는 자연스럽다고 할 만하다.

그러나 매천의 경우는 벼슬을 지낸 적이 없기 때문에 그의 자결은 망국에 대한 정부 관료의 책임 의식으로는 설명하기 어렵다. 그렇다면 '애국심' 때문이었을까? 그러나 절명시에서도 밝혔듯이 매천 본인이 스스로 '나라를 지탱함에 전혀 공이 없었다'는 점, 다시 말해 정부의 녹을 받는 관직을 역임하지 않았다는 사실을 분명히 인지하고 있었고, 따라서 자신의 절명이 "'충'이 아니라 '인'일 따름"이라고 한 대목에 이르게 되면 애국심이라는 개념으로도 그의 자결은 설명하기 곤란해진다. 이런 그의 입장은 죽기 직전 남긴 〈유자제서〉에도 명확히 나타나 있다.

내가 가히 죽어 의(義)를 지켜야 할 까닭은 없으나, 다만 국가에서 선비를 키워 온 지 500년에 나라가 망하는 날을 당하여 한 사람도 책임을 지고 죽는 사람이 없다. 어찌 가슴이 아프지 아니한가? 나는 위로 황천(皇天)에서 받은 올바른 마음씨를 저버린 적이 없고 아래로는 평생 읽던 좋은 글을 저버리지 아니하려 길이 잠들려 하니 통쾌하지 아니한가? 너희들은 내가 죽는 것을 지나치게 슬퍼하지 말라.

— 김택영, 〈본전〉, 《매천집(梅泉集)》 권수

매천은 자신이 국가를 위해 죽어야 할 이유 혹은 의리가 없다는 사실을 명확하게 인지하고 있었다. 그럼에도 자결을 하는 이유는 '선비'로서의 소명을 다하기 위해, 그리고 '황천에서 받은 올바른 마음씨와 평생 읽던 좋은 글에서 깨우친 가치들'을 저버리지 않기 위해서라는 사실을 밝히고 있다. 결국 그의 자결은 물론 '국가의 멸망'이라는 대사건이 계기가 되어 결행된 것이지만, 그 동기에는 '국가'나 '애국'이라는 차원하고는 다른 무언가가 자리하고 있음을 느끼게 된다.

그렇다면 조선 건국 이후 500년 동안 키워 온 '선비(士)'라는 것을 그가 어떻게 이해했기에, 마찬가지로 '올바른 마음씨와 좋은 글에서 얻은 가르침'은 대체 어떠한 것이길래, 국가를 위해서는 버릴 의리가 없는 목숨을 이들의 명분 앞에서는 버릴 수 있던 것일까? 이것을 이해하려면 먼저 매천이 가졌던 가치관과 그것을 뒷받침하는 인생의 궤적을 살펴볼 필요가 있을 것이다.

구한말의 3대 시인

매천은 1855년(철종 6) 음력 12월 11일에 전라남도 광양현 서석촌(지금의 광양군 봉강면 석사리 서석마을)에서 한미한 시골 선비인 아버지 황시묵(黃時默)과 어머니 풍산 노씨 사이의 3남 2녀 중 장남으로 태어났다. 원래 그의 집안은 세종대의 명재상으로 유명한 황희(黃喜)가 있었고, 인조대에 사간원 정언을 지냈으며, 병자호란 때 남원에서 의병을 일으켜 큰 전과를 거둔 황위(黃暐) 등을 배출한 걸출한 사대부 가문이었다. 그러나 점차 세력이 기울어 농민이나 다름없는 몰락 양반층이 되었다.

따라서 그의 고조부·증조부 대에 이르기까지 대체로 매우 가난한 생활을 했으나, 다행히 매천의 조부가 재산 증식에 힘써서 영락했던 가세를 일으킬 수 있었다. 이것을 통해 매천이 학문에 매진할 수 있는 터전이 마련되었다. 더욱이 아버지 시묵의 학문 수준은 그리 높은 편은 아니었으나, 집에 1,000여 권의 책을 구비하고 아들 매천의 입신양명을 위해 온갖 정성과 노력을 기울였다고 한다.

이렇듯 매천은 책과 학문을 가까이하는 환경에서 성장했는데, 어릴 때부터 총명하고 어떤 글이라도 한 번 읽거나 가르침을 받은 것은 평생을 두고 잊은 적이 없었으며, 오늘 한 구절을 읽으면 내일은 두 구절을 읽어 글 읽는 수준이 성숙한 어른이나 마찬가지였다고 한다. 또한 이른 나이부터 시를 지어 주위 사람들을 놀라게 했다.

매천 생가 전경. 황현의 생가는 광양시에 의해 2002년 현재의 형태로 복원되었다.

笋有相高意 죽순은 서로 높으려는 뜻이 있고

蕉多未展懷 파초는 아직 속마음을 다 못 펼쳤구나.

봄이 시작되어 죽순이 서로 삐죽삐죽 자라는 모습과 파초의 큰 잎이 아직 펼쳐지지 못하고 말려 있는 것을 비교하며 대구를 잘 이루고 있는 이 시를 지었을 때 매천의 나이는 불과 7세였다. 이후로도 11세 때에 '기러기 소리 시 읊는 자리에 들려오네(鴈聲初落遊人席)'라는 시구를 지어 역시 마을의 장로들을 감탄하게 하기도 했다. 매천은 7세 즈음부터 서당에 다니기 시작했는데, 문리를 일찍 터득해 선생을 대신해서 같은 또래의 학동을 가르칠 정도였다. 그리고 《사략(史略)》을 읽을 때 《통감(通鑑)》을 가르쳤고, 《통감》을 읽을 때 능히 《맹자》를 가르쳤으며, 《맹자》를 읽을 때는 가르치지 못할 책이 없었다고 하니 그의 비범함을 익히 엿볼 수 있다.

이후 매천은 소년기에 접어들면서 문학 위주의 문장지업(文章之業)을 계속할 것인가, 아니면 과거 응시를 위한 공부를 택할 것인가를

육교시사

육교시사는 1870년대 후반 강위를 중심으로 결성되었던 중인층 위주의 문인 집단을 의미한다. '육교'라고 하는 것은 청계천 하류에서 여섯 번째 다리, 곧 광교(廣橋)를 지칭하는 것으로 이곳 주위에는 의관(醫官)이나 역관(譯官)을 비롯한 중인들의 집단 거주지가 형성되어 있었다고 한다. 이들은 특정한 장소를 가지지 않고 동료 문인들의 집을 돌아다니며 시회(詩會)를 열었다. 이들의 모임은 이전 시대의 중인들의 문학 모임이 주로 사회와 시대의 변화에 따라 신분상의 질곡과 그 한계에 따른 울분과 자포자기적 심사를 토로했던 데 비해, 거기에서 벗어나 새로운 시대의 중추적 역할을 담당하기 위한 보다 실천적이고 현실적인 지식과 정보를 함께 나누는 장의 역할을 했다. 그래서 그들은 이후 개항기를 맞아 '개화파'로 실천적 지식인으로의 변모를 보이게 됨으로써 오랜 세월에 걸친 신분적·경제적 질곡에서 벗어나는 전기를 마련하게 되었다.

놓고 고민하게 된다. 즉 문장지업만을 택하자니 몰락한 가세를 일으킬 길이 막연했고, 그렇다고 과거를 거쳐 입신양명을 하고자 하더라도 당시 과거 제도의 폐단이 극심했기에 실력만으로 합격을 한다는 보장은 없었다.

매천은 결국 고민 끝에 양자를 병행하기로 하고 시문에 열중하는 한편 과거 공부도 했다. 그렇게 해서 14~15세 때 처음으로 향시에 응시했는데, 시험장에서 그가 붓을 놀리는 것을 보고 함께 응시한 다른 이들이 '하도 빨라 바람을 일으킬 정도'라고 찬사를 보냈다고 한다. 이것을 통해 그의 명성은 '광양의 황신동'이라는 이름으로 호남 전체에 알려지게 되었다.

그러나 점차 나이가 들어감에 따라 매천은 자신의 고향 일대에서는 듣고 배울 것이 없다고 생각하게 되었고, 24세 되던 1878년(고종

15)에 서울에는 대학자가 많다는 말을 듣고 5백 리 길을 걸어서 상경하게 된다. 이때 처음으로 만난 사람이 강위(姜瑋, 1820~1884)였다. 강위는 당시 '육교시사(六橋詩社)'라는 문예 집단의 맹주로 이름난 문장가였다. 매천은 그를 만나 교유하며 시를 배웠는데, 그것이 매천의 시가 전국적으로 인정받는 계기가 되었다.

또한 그는 비슷한 시기에 한말의 또 다른 뛰어난 시인이었던 이건창(李建昌, 1852~1898)과도 교유하기 시작했다. 매천이 상경해 처음 이건창을 찾았을 때에 그는 충청도 암행어사로 나갔다가 비행을 적발해 파면시킨 감사 조병식의 사주에 의한 무고로 인해 벽동군에 유배된 상태였다. 1년 뒤에 이건창이 유배지에서 풀려나자 매천은 자작시를 들고 찾아가 교유하기 시작했고, 이후 두 사람은 마치 백년지기같이 서로 흉금을 터놓고 사귀는 관계가 되었다고 한다. 매천이 44세 되던 해인 1898년에 이건창은 죽음이 임박해지자 한숨을 지으면서 당시 전남 구례에서 은거 중이던 매천을 보았으면 죽어도 여한이 없겠다고 했다고 한다. 또 이건창의 사후 매천이 은거를 일시적으로 접고 600리의 먼 거리를 마다하지 않고 상에 참여하기 위해 강화도 사곡(沙谷)까지 달려가서 이건창의 아우들을 찾은 사실 등을 통해 볼 때 두 사람의 관계는 각별했다고 할 수 있다.

그리고 매천은 이건창의 소개를 통해 김택영(金澤榮, 1850~1927)과도 교분을 쌓았다. 즉 매천의 나이 26세 때인 1880년(고종 17)에 송악에서 처음 만난 두 사람은 이건창을 매개로 깊은 교유를 지속했으며, 매천이 자결한 뒤 김택영은 이역만리 중국에서 어렵게 생활하면서도 손수 매천의 유고집 간행에 앞장서기도 했다.

이렇게 당대에 저명한 문장가들과 깊은 교감을 나눔으로써 그는 역사와 시문에 보다 깊은 조예를 가지게 되었고, 결국에는 자신이 교유하던 강위, 김택영과 더불어 '구한말의 3대 시인' 중 하나로 평가받을 만큼 높은 경지에 이르게 되었다. 그 밖에도 매천은 정만조(鄭萬朝), 여규형(呂圭亨), 이기(李沂) 등의 저명한 문장가들과 교유하면서 작품 세계를 끊임없이 넓혀 나갔다.

도깨비 나라의 미치광이들과는 어울리지 않겠다

이렇게 상경해 당대의 저명한 시인들과 교유하면서 문장학에 힘씀과 동시에 매천은 가문의 부흥을 위해 과거 공부를 병행했다. 29세 되던 해인 1883년(고종 20)에 매천은 주위의 권유로 특설보과거(特設保科擧)에 응시했는데, 초시(初試) 초장(初章)에서 그의 책(策)을 본 시관 한장석은 처음에는 크게 놀라서 장원으로 뽑았으나, 곧 매천이 몰락한 가문에 시골 출신이라는 사실을 알게 되자 차석으로 떨어뜨렸고, 마지막 시험장에서 경의(經義) 과목을 치룰 때 아예 낙방시켜 버렸다. 매천은 당시 과거 제도의 부패한 현실에 울분을 토로하며 이후로 정사에 뜻을 두지 않기로 하고 낙향했다.

그 뒤 32세 때인 1886년(고종 23) 겨울에 유년 시절 스승이던 왕사각(王師覺)이 있던 구례군 간전면 만수동(萬壽洞, 현재의 전라남도 구례군 간전면 수평리 67번지 상만마을)으로 동생 황원을 비롯한 일가족과 그를 따르는 문하생들과 함께 이주해, 이후 이곳에서 20년 가까이 후진 양성과 시작(詩作)에 힘쓰게 된다.

그러나 매천은 과거를 보기 원하는 부친의 뜻을 저버릴 수 없어서 1888년(고종 25) 성균관 생원시에 응시했다. 당시 시험관은 정범조(鄭範朝)가 맡았는데, 그는 당시 이미 이건창을 통해 매천의 재주를 익히 알고 높이 평가하고 있던 정만조와 시형제 관계로, 정만조는 그에게 "황현을 맨 앞자리로 뽑지 않으면 이 시험은 과거로 볼 수 없다"는 말까지 했다고 한다.

결국 매천은 이 시험에서 장원급제하여 34세에 성균관 생원이 되었는데, 이미 벼슬에 뜻을 버린 그는 당시 부정부패가 심각하던 중앙 정계에 실망해 다시 만수동으로 낙향했다. 이후 서울의 교우들이 상경해 함께 국정에 참여할 것을 부탁해도 일체 응하지 않았다. 그는 다시 중앙 정계로 복귀하라는 요청을 받으면 이렇게 대답했다고 한다.

子奈何欲使我入於鬼國狂人之中 而同爲鬼狂耶
그대들은 어찌하여 나에게 도깨비 나라의 미치광이들 틈 속으로 들어가 함께 도깨비 미치광이가 되라고들 하는 것인가?

— 김택영, 〈본전〉, 《매천집》 권수

매천은 당시에 이름난 고관들인 신기선(申箕善), 이도재(李道宰)

황현 생가에 있는 매천정. 매천정은 원래 만수동 구안실 근처에 있었다고 하나, 생가를 복원할 때 매천정도 함께 복원했다.

등이 함께 일하자고 한 제의도 모두 뿌리치고 만수동에서 은거하며 한시 창작 활동을 계속했다. 36세 되던 1890년에는 만수동에 서재를 짓고 '구안실(苟安室)'이라고 명명했다. 이것은 매천 자신이 밝힌 바에 따르면, 협소하고 누추한 규모의 '구차한(苟)' 서재에서 '편안함(安)'을 느낀다는 뜻으로, 다시 말해 관직에 진출하려는 욕심을 일체 버리고 작은 규모의 개인 서재에서 학문에만 정진하며 편안함을 구한다는 그의 마음 자세를 보여 준다고 할 수 있다.

매천은 이곳에 고금의 서적을 쌓아 놓고 독서와 시 창작 그리고 후진 양성에만 전념했으니, 1,051수의 한시 작품 중에서 40여 수만을 제외한 나머지가 모두 이곳에서 지어졌다고 할 정도로 구안실은 당시 매천의 생활과 학문의 터전이 되다시피 했다.

구안실의 근처에는 큰 매화나무 두 그루가 심어져 있었고 조금 밑으로는 작은 샘터가 하나 있었는데, 여기서 매천이 물을 마시며 살았다고 해 그곳을 '매천정(梅泉井)'이라고 불렀다. 이것을 통해 매천은 이런 주위의 환경, 곧 매화나무와 샘터를 보고 절개의 상징인 '매화(梅)'와 깨끗함의 상징인 '샘(泉)'을 조합해 자신의 호 '매천(梅泉)'을 만들지 않았을까 짐작해 본다. 그렇지 않다면 자신의 호에 맞추어 매화나무를 심고 샘터를 만들었을 수도 있을 것이다. 실제로 그의 작품 중에는 매화를 소재로 한 것도 있다.

(……)
庭植有梅花　뜰에 매화나무 심어져 있어
三英未全沫　삼영이 전혀 어둡지가 않구나.
境峭風雪中　지경(地境)은 풍설 속에 가파르게 솟아 있고
氣全山林內　기(氣)는 산림 속에서 온전히 있네.
一笑比河淸　한 번 웃으며 맑은 물과 비교하고
些恐紅塵浼　세속에 더러워질까 조금 두려워하네.
安得如梅人　어찌하면 매화와 같은 사람을 얻어서
百年澹相對　백 년 동안 담담하게 서로 대할까?

절개의 대명사인 매화가 눈 속에서도 의젓하듯, 산림 속에서 매천 자신이 지키고자 하는 절개의 굳건함을 노래한 이 시에서 우리는 세상 속에서 더러워지지 않고 자신이 뜻한 바를 세우고자 하는 매천의 의지를 엿볼 수 있다.

그가 이렇게 굳은 의지를 가지고 세상의 부름에도 흔들리지 않고 만들어 내려고 했던 학문 세계는 어떤 것이었을까? 매천의 생애 전체

를 볼 때 시를 위시한 문장학에 치우치고 성리학 등의 경학을 등한시한 것은 과거 제도의 부조리에 대한 인식 때문도 있겠지만, 기본적으로는 그 자신의 학문적 성향 때문이었다.

그는 성리학의 공허화·말폐화 현상에 대해 비판적이었으며, 오히려 이전 시기에는 이단 또는 잡학이라고 멸시받던 병가(兵家), 농학(農學), 음양학(陰陽學), 도교(道敎) 그리고 기타 여러 제자백가의 학문들을 두루 널리 섭렵했다. 실학을 집대성한 것으로 유명한 정약용의 영향을 받은 것으로 보이며, 실제로 정약용에 대한 매천의 평가는 매우 높다.

> (정약용은) 옛날과 현재를 연구하여 민생과 국계(國計)에 마음을 두고 토론하고 저술하였으며, 근원을 연구하여 힘써 쌓아 유용한 학문을 세웠으니 다 후세의 법으로 삼을 만하다. 《목민심서(牧民心書)》, 《흠흠신서(欽欽新書)》, 《방례초본(邦禮艸本)》, 《전제고(田制考)》 등의 여러 서적들이 그것으로, 우리 동방에서는 가히 전무후무하다고 할 만하며, 반계 유형원이나 성호 이익의 학문에 비하여 더욱 이익이 큰 것이다.
>
> ―《매천야록》 제1권

이렇듯 매천은 허학화(虛學化)된 성리학에 비판적이었고, 그로 인해 문장학에 몰두하는 동시에 조선 후기의 실증적 학풍인 실학의 거두 정약용에 큰 영향을 받아 각종 잡학을 두루 섭렵했다. 그렇기 때문에 그의 학문적 성향은 자연히 현실을 중시하는 방향으로 나가게 되었고, 이것은 그의 창작 활동에서는 현실을 노래하는 시로, 저술 활동에서는 《매천야록(梅泉野錄)》 등에서 보이는 현실을 비판하는 의식으로 나타나게 되었다고 할 수 있다.

조선 땅의 '보수주의자' 황현

역사를 이해하는 방식 중 대표적인 것 중의 하나가, 일정한 시대의 정치 혹은 사회·문화를 이끈 사람들을 몇 개의 그룹으로 분류해 파악하는 것이다. 이를 테면 고려 말·조선 초의 '권문세족 대 신흥사대부'나 조선 초·중기의 '사림파 대 훈구파' 같은 식으로 일종의 '라이벌 구도'를 만드는 것인데, 이것을 통해 당대의 상황에 대한 더 분명하고 체계적인 설명이 가능하다는 장점이 있다. 그러나 이 과정에서 여러 측면에 걸쳐 복잡한 성격을 가진 특정 인물을 하나의 그룹에 넣어 버려 단순화시킬 위험성도 배제할 수 없다는 점이 문제다.

    1876년 개항 이후 조선사회를 이해하는 이런 라이벌 구도로 유명한 것은 '개화'와 '척사'라는 틀이다. 즉 앞선 서양의 문명과 과학 기술을 수용하자는 입장을 가진 사람들을 개화파로 분류하고, 그와 대척되는 입장에서 서양 세력의 침략성을 경계하며 그들의 문화는 물론 기술 문명까지 수용을 거부하려는 사람들을 척사파로 분류하는 방식이다. 매천은 어느 카테고리에 포함될까? 일단 그가 내비친 개화에 대한

1876년 체결된 강화도 조약은 조선이 체결한 최초의 근대 조약이자 불평등 조약이었다. 강화도 조약을 위한 조선·일본 측 대표 간 협상 광경.

협상 당시 조선 측 대표였던 신헌의 모습.

인식을 보면 개화파의 편에 서지 않은 것은 분명해 보인다.

> 수입된 외국 상품은 10건 중 사람의 손으로 가공해 만든 물품이 9건을 차지하고, 우리나라 돈으로 외국에 내놓은 물품 중에 10건 중 9건은 천연으로 생산된 물건이었다. 우리나라 사람들은 이토록 머리가 둔한 것이다. 수입해 온 물품은 시계, 비단, 칠기 등으로 지나치게 기교를 부린 사특한 물건들에 불과하며, 우리나라에서 수출한 물품은 쌀, 콩, 피혁, 금은 등 평일에 사용할 수 있는 절실한 물품들이었다. 이런 일이 지속되면 나라가 가난하지 않으려 해도 그렇게 되지 않을 수 없을 것이다.
> ―《매천야록》 제1권

이런 주장은 개항 당시 척사파가 한 것으로, 제국주의 세력의 경제 침략을 두고 제법 날카로운 인식을 보여 주는 측면이 있다. 그러나 아무튼 발전된 서구 문물의 수입이 개화론의 핵심 중 하나라는 점을 상기하면, 이런 매천의 태도는 개화에 부정적이었음을 알 수 있다. 서구 문물 수입의 시발점이 된 1876년의 강화도 조약에 대해서는 '일본이 간교한 꾀를 부려 우리나라를 침략하기 위해 불가불 청나라와 교제를 끊게 하려는 계략'이라고 보았다. 이것도 상당히 날카롭고 정확한 지적이었는데 동시에 개항을 하고 서양과 손을 잡은 일본에 대한 불신감의 증거로 볼 수 있다.

개화파들이 1884년 일으킨 쿠데타인 갑신정변에 대해서도, 그는 이것을 '개화파가 서양의 문물 제도를 흠모한 나머지 변란을 일으켜 국왕인 고종을 다른 궁으로 이어시키고 정권을 장악한 사건'이라면서 개화파에 대해 '제적(諸賊)', '역당(逆黨)' 등의 표현을 쓰고 있다. 또한 살육이나 횡포 등 그들의 만행을 중점적으로 서술하고 있는 것은 물론, 결과적으로 그들의 음모가 실패로 돌아간 사실을 '천도(天道)'로 평가하는 등 개화파와 갑신정변 등에 대해 부정적 입장으로 일관하고 있다는 것을 엿볼 수 있다.

그렇다면 그는 개화를 거부한 척사파인가? 앞서 살펴본 개항 당시 서구문물의 유입에 대한 인식 등을 보면 얼핏 그런 것 같기도 하다. 그러나 이후의 기록을 보면 반드시 그렇게 평가하기는 어렵다. 1894년 청일전쟁의 발발 이후 일본의 압력을 받아 개화파가 정권을 잡은 뒤 실행한 일련의 근대화 개혁 조치인 갑오개혁에 대한 평가는 갑신정변 때하고는 자못 상반된다. 매천은 《매천야록》에서 그해 5월 일본이 군대를 서울에 진주시킨 뒤 조선 정부에 제시한 5강 16조의 개혁안을 소개한 뒤, 자신의 평가를 곁들이고 있다.

살피건대 여러 조항들을 보면 반드시 우리들을 진정으로 위한 것이라고 할 수는 없겠으나, 대증요법이 아니라고 말하는 것도 옳지 않다. 힘써 시행했더라면 어찌 오늘날과 같은 화가 있었겠는가? 경전에 이르기를, '국가는 필시 스스로 자기를 해친 연후에 남이 치고 들어온다'라고 하였으니, 아, 슬프다!

― 《매천야록》 제2권

동도서기론

동도서기론은 중국의 경전인 《주역(周易)》에 나오는 '도기론(道器論)'을 응용한 논리로, "형이상(形而上)을 '도(道)'라 하고 형이하(形而下)를 '기(器)'라고 한다"는 전제에 입각해 유교적 윤리·도덕 등을 위시한 전통적인 정신문명을 유지하면서 서양의 발전된 과학기술을 수용하자는 주장이다. 그러나 도가 기 안에 내재되어 있다는 도기론의 논리적 전제를 생각해 보면, 서양의 '기'를 받아들이는 순간 이미 그 안에 실려 있는 서양의 '도'도 받아들이는 것이 되므로 사실 동도서기론은 논리적으로는 성립할 수 없는 주장이다. 따라서 동도서기론은 철학적인 분석 대상이라기보다는 전통적인 윤리나 사상의 급격한 변화 없이 서양 문물을 수용하자는 일종의 점진적 방법론 정도의 의미로 파악해야 할 것이다.

한말 개화 운동의 대표적 성과 중 하나라고 할 수 있는 갑오개혁에 대한 이런 인식은 적어도 척사파적 사고방식에서는 나올 수 없는 것이었다. 따라서 매천은 '개화와 척사'라는 라이벌 구도에 집어넣기 어려운 유형의 지식인이었음을 알 수 있다.

그러면 그의 사상은 어떻게 이해해야 할까? '개화'와 '척사'의 이분법적 대립 구도 속에서 중간 지점에 있는 사상으로 들 수 있는 것이 동도서기론(東道西器論), 곧 동양의 유교적 정신문명을 지키면서 서양의 발전된 과학 기술 문명을 수용하자는 논리다. 이것은 개항 이후 제기된 서구 문물 수용의 방법론인데, 확실히 매천이 개화에 대해 내린 정의를 보면 넓은 의미에서 그를 이런 동도서기론적 사고방식의 소유자로 볼 수 있을 듯하다.

무릇 '개화'라고 하는 것은 별다른 것이 아니라 '개물(開物)'과 '화민(化

民)'을 이르는 것에 지나지 않는다. 개물·화민은 그 '본(本)'이 없는 상태에서 이루어 낼 수 있는가? 어진 이를 가까이 하고 간사한 무리를 멀리하며, 백성을 사랑하고 재용(財用)을 절약하며 신상필벌을 제대로 하는 따위가 이른바 '본'이 되는 것이며, 군대를 훈련시키고 기계를 만들며 상판(商販)하는 등의 일이 이른바 '말(末)'이 되는 것이다. 서양 사람들의 법이 비록 동양과 다르다고는 하나 저들의 만국(萬國) 역사를 훑어보면 그들이 흥기한 것은 반드시 그 '본'을 세운 데서 연유한 것이다. 진실로 그 본이 없으면 비록 강하더라도 반드시 쓰러졌으니, 그러한 흥망의 자취를 종종 찾아볼 수 있다. 이렇게 볼 때 개화라는 명칭은 비록 처음 발견한 것이기는 하나, 실상은 동양의 '치도(治道)'와 다를 것이 없다.

― 〈언사소(言事疏)〉

이것은 매천이 45세 되던 해인 1899년에 새로운 사회의 변화에 대처하는 방안을 제시하는 내용으로 작성한 글 〈언사소〉에 나오는 내용 중의 일부다. 도·기론과 유사한 본·말론을 바탕으로 전통적 사회 윤리와 서구의 기술 문명을 이분법적으로 파악하는 방식은 동도서기론적인 그것과 정확히 일치한다고 할 수 있다.

그런데 동도서기론이라는 사상 자체는 기존의 사회 윤리와 질서를 유지하면서 서양의 발전된 기술문명만 받아들이자는 입장인 만큼 사회의 변화에 대해서는 보수적인 입장을 가질 수밖에 없는데, 매천도 이런 모습을 여기저기에서 보여 주고 있다. 대표적인 것이 '동학(東學)'에 대한 인식이다.

이때 경주에 사는 최제우라는 사람이 스스로 "하느님이 재난을 내린다"고 하면서 문서를 만들고 유언비어를 퍼뜨리며 부적과 주문을 횡행하게 하였다. 그 학문 역시 천주를 받드는 것인데도 서학(천주교)과 구별하고자 '동학'이라고 고쳐 불렀다. (……) 최제우가 죽은 뒤에도 어리석은 백성들은 점점 미친 듯이 빠져 들어가 그의 행적을 신기하게 꾸미고자 "칼날을 벗어났다" 혹은 "날아서 하늘로 올라갔다"느니, 또는 "자취를 감춰 죽지 않고 현재 사람으로 살아 있다"느니 하였다. (……) 그 무리들은 이것을 믿고 마치 참다운 도학인 듯 여겼지만, 실상은 상스럽고 얄팍한 천주학의 부스러기를 주워 모은 것에 불과하였다.

— 〈수필(首筆)〉, 《오하기문》

동학농민운동은 현재 일본 등 제국주의 외세의 침략에 대한 저항과 아울러 전근대적 신분제 등의 봉건질서에 대한 항거로서 일어난 한말의 대표적인 변혁 운동으로 평가되고 있다. 그런데 그는 그 사상적 기반이라고 할 수 있는 동학을 기존의 사회 질서를 어지럽히는 '혹세무민'으로 이해하면서, '서양 천주교의 부스러기를 주워 모은 것'에 불과한 것으로 보고 있는 것이다. 이런 시각은 매천이 기본적으로 사회 질서의 급격한 변화에 거부감을 가진 보수적 위치에 서 있음을 의미한다.

동학과 관련된 인식을 보여 주는 다른 예, 이를테면 《매천야록》에서 개화파인 어윤중(魚允中)이 조정에 올린 장계에 동학교도들을 '동비(東匪, 동학의 비적 떼라는 뜻)'라고 하지 않고 '민당(民黨)'이라고 지칭한 사실을 가지고 "어윤중이 실언을 한 것"이라고 평가하는 대목에서도 다시금 매천의 동학에 대한 시각을 엿볼 수 있다.

　사회를 보는 매천의 보수적 시선은 비단 동학뿐만이 아니라 의병 운동에 대한 평가에서도 나타난다. 매천은 의병들의 항일 활동에 전적인 공감을 표시했다고 알려져 있다. 그러나 이것은 일본의 침략 의도가 분명해진 1900년대 중후반에 가진 의병에 대한 인식일 뿐, 1895년의 명성황후 시해와 단발령 선포를 계기로 일어난 의병에 대해서는 그 과격한 양상을 비판하고 있는 것이 눈에 띈다.

　참으로 충의에 뜻을 품은 자는 몇 명에 지나지 않았으며, 명예를 탐하는 자가 앞장을 서면 변란을 좋아하는 자들이 달라붙어서 불량한 백성 수천 수백 명이 무리를 이루어 저마다 의병이라고 칭하였고, 심지어는 동비의 잔당이 얼굴을 바꾸고 끼어들어 쫓아다니는 자들이 반이나 되었다. 이에 이들은 잔학하여 함부로 약탈하는 것이 미친 도적배와 다름없는 경우도 있었다.

—《매천야록》 제2권

　즉 매천은 비록 정당한 명분을 가지고 봉기한 의병이라 할지라도 질서를 어지럽히는 경우에는 '동학의 도적 떼'와 다름없는 무리로 인식하고 있던 것이니, 여기서 그의 보수주의적 태도를 짐작할 수 있다.

　그런데 이런 보수적 견해를 가진 그가 어째서 개화파의 갑오개혁에 대해서는 긍정적 평가를 할 수 있던 것일까? 여기서 그의 보수주의

신사척사운동

신사척사운동은 1881년(고종 18)에 지방 유림들이 대규모로 척사 상소를 올린 사건을 뜻한다. 그 발단은 1880년에 일본에 제2차 수신사로 파견되었던 김홍집이 주일청국공사 참찬관(參贊官)인 황준헌(黃遵憲)의 《조선책략(朝鮮策略)》을 가지고 와서 고종에게 바친 데에서 비롯되었다. 이 책의 골자는 친중국(親中國)·결일본(結日本)·연미국(聯美國)을 통해 북쪽의 제정 러시아를 방어해야 한다는 논리로, 서양을 배척하는 척사론자들에게는 오랑캐보다 못한 '금수(禽獸)'로 여기던 서양과 외교관계를 맺자는 받아들이기 힘든 내용이었다. 이에 이만손(李晩孫)을 대표로 영남의 척사론을 주장하는 경상도 유생들이 연합하여 '영남만인소(嶺南萬人疏)'를 올리는 등 무수한 척사 상소가 올라오게 되었으며, 서양과의 통상조약 체결에 대해 전국적인 반대 운동이 일어나게 되었다.

가 기존의 낡은 질서 혹은 사상을 변화 없이 고수하려는 수구·반동과는 구별되는 것임을 알 수 있다. 그의 보수주의 사상이 지닌 내용이 무엇인지를 알려면 그가 지닌 동도서기론 사상이 일반적인 그것 하고는 다르다는 사실에 먼저 주목할 필요가 있다.

동도서기론은 얼핏 생각하면 동양의 도덕과 서양의 기술이 결합된 사상이라는 점에서 절충주의적인 것으로 보이지만, 실제로 조선에서 개항 이후 제시된 이 논리는 '동도(東道)'의 보전보다는 '서기(西器)'의 수용에 방점이 찍혀 있었다. 왜냐하면 이 논리가 공론화된 시기는 1881년 일어난 신사척사운동(辛巳斥邪運動) 직후로, 서양 문물 수용의 전제로 제시된 동양 도덕의 보전은 서양 문물 수용에 대해 거부감을 지닌 사람들을 설득하기 위해 제시된 일종의 '명분'의 성격이 강했기 때문이다.

실제로 1880년대 초반에 동도서기론을 주장하는 내용의 상소문들을 보면 대체로 동양의 도덕을 보전하는 것보다는 서양의 기술문명 수용의 당위성에 대한 내용이 대부분을 차지하고 있으며, '동도'에 대한 관심은 상대적으로 훨씬 적었다는 것을 느낄 수 있다.

그러나 매천은 오히려 '서기'보다는 '동도'의 보전에 관심을 지니고 있으며, 나아가 그렇게 지켜야 할 정신적 가치가 무엇인지에 대해 다른 사람들보다 훨씬 깊이 있고 진지하게 고민하고 있었다는 것이 눈에 띈다. 이미 밝혔듯이 그에게서 '도'·'기'의 구분은 '본'·'말'이라는 개념으로 나타나고 있는데, 〈언사소〉에서 매천은 '본'에 대한 자신의 견해, 곧 '개화의 본'을 지키기 위해서 취해야 할 9개 조의 개혁조치에 대해서 밝히고 있다. 그 내용을 간략하게 살펴보면 이렇다.

> 제1조 언로(言路)를 개방하여 소통시킬 것
> 제2조 법령의 신뢰성을 회복시킬 것
> 제3조 형률을 엄정하게 하여 국가 기강을 진작시킬 것
> 제4조 근검절약을 통해 재원을 충족하게 만들 것
> 제5조 척족 세력을 숙청해 백성들의 분노를 풀어 줄 것
> 제6조 인재의 천거를 엄격하게 하여 현명한 이들을 등용시킬 것
> 제7조 관료의 재임 기간을 충분하게 해 능력을 발휘하도록 기회를 줄 것
> 제8조 군사 제도를 개혁해 군율을 지키고 군기가 바로선 군대를 양성할 것
> 제9조 전국의 토지 대장을 제대로 조사해 국가 재정을 넉넉하게 만들 것
> ―〈언사소〉

21세기인 오늘날에 정치개혁을 하기 위한 슬로건으로 사용해도 통할 수 있을 정도로 이들 개혁론은 보편적 성격을 가지고 있으며, 경직된 유교 혹은 성리학의 낡은 이념에 대한 집착하고는 거리가 멀다. 이것은 앞서 살펴본 그의 '개화'에 대한 개념 정의에서 '본'을 "어진 이를 가까이하고 간사한 무리를 멀리하며, 백성을 사랑하고 재용을 절약하며 신상필벌을 제대로 하는" 것으로 이해한 대목과도 일맥상통한다. 즉 그의 보수주의는 조선 왕조가 정신적 지주로 삼아 온 유학이나 성리학 안에서 시대가 흘러 상황이 변해도 통할 수 있는 더 근본적이고 핵심적인 덕목들을 지키자는 주장인 것이다.

    결국 이것은 개화를 하되 전통적인 윤리나 질서에 있어서 근원적인 원리 혹은 원칙, 다시 말해 '기본'을 제대로 지키자는 것으로 요약할 수 있다. 다른 말로 하자면, 그런 원리와 원칙을 지키지 않을 경우 그에게 있어서 가혹한 비판의 대상이 되는 것을 의미하기도 한다. 매천이 기본적으로 기존 가치의 파괴를 바라지 않는 보수적 성향을 가지고 있으면서도, 그가 살던 시기의 집권층 혹은 권력자들에게 결코 따스한 시선을 보내지 않은 이유가 바로 여기에 있다. 오히려 매천은 자신의 대표작인 역사서들에서 스스로가 추구한 가치에 위배되는 짓을 하는 사람들에게 과도하리만치 혹독한 비판의 칼날을 들이대고 있다.

매천필하무완인 — 매천의 붓 아래 완전한 사람은 없다

매천의 학문이 조선 후기 실학의 영향을 받아 현실주의적 성향을 띠었다는 사실은 이미 밝힌 바 있다. 이런 현실에 대한 관심의 결과로 나온 것이 《매천야록》을 위시한 역사서들이다. 먼저 《매천야록》에 대해 알아보면, '야록(野錄)'이라는 용어는 '야승(野乘)'이라는 말과 대동소이하며 일종의 '야사(野史)', 곧 '정사(正史)'와 대비되어 국가 권력이 아닌 개인이 편찬하는 역사서를 의미한다. 따라서 《매천야록》은 매천이 개인적으로 집필한 당대의 역사를 말한다고 할 수 있다.

구체적으로 보면 1864년부터 1910년 8월까지, 곧 고종이 즉위하고 대원군 집정기부터 나라가 망하기까지 46년간의 역사를 기록하고 있으며, 수록 범위가 몇몇 사건에만 치중되지 않고 국정 전반에 걸쳐 있는 것은 물론 우리나라를 둘러싸고 벌어진 국제 관계도 빠짐없이 다루고 있다. 그리고 서술 방식은 단지 사건 혹은 사실에 대한 기계적인 나열에 그치지 않고 자신이나 당대 사람들을 평가하는 내용이 대부분이다.

그런데 생애 대부분의 기간을 지방에서 지내던 매천이 어떻게 중앙에서 일어나는 일들을 속속들이 파악할 수 있었을까? 일단 그의 역사 기록에 있어서 취재원으로서 중요한 구실을 했던 것은 《관보》와 더불어 《황성신문》 등을 비롯한 각종 신문류로, 《매천야록》의 기사 중에는 신문에서 옮겨 온 것으로 보이는 내용들이 발견된다.

그러나 《매천야록》을 보면 이런 공식 기록의 차원에서 파악하기 어려운 궁궐의 깊숙한 곳에서 일어나는 은밀한 사건들도 많이 기록되어 있다.

> 한번은 밤이 깊었는데, 노래하며 악기를 연주하는 소리가 들려 액례(掖隷)를 따라 소리를 찾아가 한 전각에 이르고 보니, 대낮처럼 밝은 가운데 왕과 왕후가 편복을 입고 산만하게 앉아 있는 것이 보였다. 섬돌 아래로는 머리띠를 하고 팔뚝을 드러낸 채 노래하고 북 치는 자들이 수십 명인데, 잡된 소리로 노래하기를. "오는 길 가는 길에 만난 정 즐거워라. 죽으면 죽었지 헤어지기 어렵더라"라고 하였다. 음란하고 비속해서 듣는 자들이 모두 얼굴을 가렸으나, 명성왕후는 넓적다리를 치면서, "좋지, 좋아" 하며 칭찬하였다.
>
> ―《매천야록》 제1권

이런 내용은 특정한 인물의 목격담을 통해서만 알 수 있는 내용이라고 봐야 할 것이다. 이것은 매천 자신이 당대에 이름난 시인으로서 여러 유명한 관리들이나 문우(文友)들과 폭넓은 인간 관계를 유지함으로써 그들에게서 얻어들은 정보가 많았기 때문에 가능한 일이었다. 실제로 위의 기사도 오래도록 궁궐에서 근무하다 구례로 낙향한 전 승지 이최승(李最承)이 궐내에서 당직을 설 때 목격한 내용을 매천에게 들려준 것이다. 그런데 이런 식으로 타인의 구전을 통해 파악한 사실을 기록했기 때문에《매천야록》의 내용 중에는 다소 정확도가 떨어지는 부분이 여기저기서 보이기도 한다.

 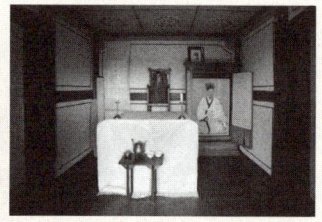

황현은 1902년에 주변 지인들의 권유로 만수동에서 전남 구례군 광의면 월곡마을로 이사한 뒤 계속 이곳에서 살았으며, 순절 역시 여기서 이루어졌다. 이후 그의 절의를 기리기 위해 매천사가 건립되어 오늘에 이르고 있다.

《오하기문(梧下記聞)》이라는 책이 있는데 책 제목의 의미는 '오동나무 아래에서 듣고 겪은 사실들을 적은 글'이라는 뜻으로 아마도 매천이 글을 쓰던 서실 옆에 오동나무가 있어서 이런 이름을 붙이지 않았나 싶다. 이 《오하기문》은 두 부분으로 나뉘는데, 첫 번째의 경우 대상 기간이 1862년부터 1894년까지이고, 두 번째의 경우 1895년 4월부터 1907년 사이인데, 앞부분은 현재 초서로 날려 쓴 초고본만이 전해지며, 뒷부분의 경우 보다 정리된 형태로 남아 있다.

이 책은 《매천야록》하고는 다르게 역사적인 기록이 될 만한 사건 이외에도 민간에서 벌어진 사소한 사건이나 민담, 혹은 떠도는 소문까지 실려 있다. 이것으로 미루어 볼 때, 아마도 매천이 자신의 견문을 바탕으로 1차적으로 작성한 기록이 《오하기문》이고, 이것을 다듬고 정리한 것이 《매천야록》이 아닌가 추측되기도 한다.

　마지막으로 《동비기략(東匪紀略)》은 말 그대로 '동학의 비적들이 일으킨 난의 시말'에 대해 서술한 책이다. 매천이 《매천야록》에 동학농민운동 관련 기사를 적으면서 "보다 자세한 내용은 《동비기략》을 참조할 것"이라고 주석을 단 사실에서 볼 때, 분명히 이 책이 존재하기는 했던 것으로 보인다. 그러나 현재 이 책은 제목만 전해질 뿐 실물은 아직까지 발견되고 있지 않다. 다만 그 제목의 의미상 아마도 《오하기문》 중 동학 관련 내용을 뽑아 요약한 것이 아닐까 추정한다. 또는 《오하기문》의 전반부, 곧 1862~1894년 사이의 기록이 대체로 동학운동의 시말에 대한 내용이라는 것을 근거로 이 전반부가 바로 《동비기략》이라고 하는 견해도 있다.

　이러한 역사서들을 통해 매천은 그가 살던 시대의 사실들을 기록하고 있는데, 내용을 읽어 보면 단순히 기록하는 데서 끝나지 않고 매서운 평가를 곁들이고 있는 것이 눈에 띈다. '매천필하무완인(梅泉筆下無完人)', 즉 매천의 붓 아래에 완전한 사람이 없다고 하는 유명한 말이 바로 여기서 비롯된 것이다. 이것은 원래 '석담필하무완인(石潭筆下無完人)'이라는 말에서 유래했다. 석담은 율곡 이이의 또 다른 호인데, 이 말은 율곡이 자신이 쓴 《석담일기(石潭日記)》에 나오는 사람들에 대해 내린 평가가 호의적인 경우가 거의 없고 대부분 매우 비판적이었다는 사실을 빗댄 말이다.

　그런데 매천의 경우 율곡과 비교해 보면 더하면 더했지 결코 덜하지 않았다. 우유부단한 국정의 최고 책임자인 국왕 고종과 척족 세력들을 동원해 국정에 영향력을 행사하는 왕비 민씨에 대한 신랄한 비판은 그의 저서 이곳저곳에서 어렵지 않게 찾아볼 수 있다. 특히 민씨 척족 세력의 부패상에 대한 비난은 그 표현의 신랄함에 놀랄 정도다.

> 민영주는 유생으로 있을 때부터 경성 및 한강 주변 부민들의 많은 물건을 빼앗기 위하여 사사로이 긴 끈과 거꾸로 매다는 도구를 가지고 모든 악형을 써서 날마다 천금씩을 거두어들였고, 제 몸을 임금처럼 위하는 자였다. 벼슬길에 나온 지 4~5년 만에 참판까지 뛰어올랐지만 거칠고 악독하기는 예전이나 다를 바 없었으므로 사람들이 그를 '민 망나니'라고 불렀다. 우리나라 속담에 사형수의 목을 자르는 사람을 '망나니'라고 했으니 대개 몹시 악하고 천하다는 말이다. (……) 민두호는 사람됨이 어리석고 비루한 데다 독기가 있었으며 탐욕은 끝이 없어서 유수로 부임한 지 몇 년 만에 강원도의 백성들이 줄을 이어 떠났다. 백성들은 그를 '민 철갈구리'라고 불렀다.
>
> ―〈수필(首筆)〉,《오하기문》

이런 척족세력의 부패에 대한 비판은 비단 매천이 아니라도 지식인이라면 한 번쯤 생각해 볼 수 있는 문제일 것이다. 그런데 그의 비판 대상은 여기서 멈추지 않는다. 앞서 살펴보았듯이 그는 갑신정변을 주도한 개화파에 대해서 결코 긍정적으로 평가하지 않았는데, 그렇다고 해서 척사파라 하더라도 결코 호의적으로만 보지는 않았다. 이것은 다음의 예를 통해서 확인할 수 있다.

1880년에 일본에 수신사로 갔다가 돌아온 김홍집이 고종에게 《조선책략(朝鮮策略)》과 청나라 사람이 지은 개화 서적 《이언(易言)》을 바쳤는데, 이것을 두고 개화 정책을 거부하는 척사파들이 김홍집을 처벌하라고 상소를 올린 적이 있었다. 그런데 매천은 이 문제를 두고 척사파들을 '고루한 유자들'로 평가하고 있는 다음의 대목이 눈에 띈다.

　대개 임금이 조용히 천하의 대세를 살피기 바랐던 것이고, 또한 널리 탐문하는 사행(使行)의 직분에 따른 것일 뿐, 사사로운 뜻으로 숨겨 온 것은 아니었다. 그런데 고루한 유자들이 김홍집이 천주학을 임금께 바쳤다고 생각하여 공격하는 논의가 어지럽게 일어났다.

―《매천야록》제1권

　이와 관련해 1881년 신사척사운동의 결정판인 '영남만인소(嶺南萬人疏)'에 대한 그의 평가 역시 주목할 만한 부분이다. 만인소의 원래 내용은 민씨 척족 세력에 대한 공격이 매우 신랄했는데, 이것을 읽어 본 당시 척족 세력의 권력자 중 하나인 민태호가 매우 노해 만인소를 주도한 이만손에 대해 그와 친척 관계에 있는 전직 참판·승지 등을 동원해 앞으로 이만손 제자들의 벼슬길을 막아 버리겠다고 협박하자, 이것에 굴복해 척족 세력에 대한 비판은 약해지고 만만한 김홍집만 집중적으로 비난하는 식으로 내용을 고쳤다고 한다.

　이것을 두고 매천은 '이후로 온 세상이 영남 유림의 상소의 기개가 꺾였다고 침을 뱉으며 욕하였다'는 신랄한 문장으로 그의 평가를

수신사 활동 당시의 것으로 추정되는 김홍집의 사진.

대신하고 있다. 전반적으로 볼 때 매천은 척사파들에 대해 개화파보다는 훨씬 후한 점수를 주고 있는 대목이 많으며, 서양 문물 수입의 폐해에 대한 지적에서 봐도 결코 척사파에 대해 적대적인 입장은 아니었다. 그러나 아무리 공감이 가는 이야기를 하는 사람들이라고 해도 '지켜야 하는 원칙'을 저버리는 행위까지 용납하는 것은 결코 아니었다는 것을 위의 예를 통해 엿볼 수 있다.

즉 매천의 붓 아래에서는 적군도 아군도 없었던 것이며, 오로지 자신이 판단하는 원칙에 부합하느냐 아니냐만이 중요했던 것이다. 하다못해 가장 친한 친구 중 하나였던 이건창도 매천의 붓 아래에서 그 자신의 원칙에 따라 재단될 정도였으니, 알 만하다 하겠다. 그렇다고 해서 그의 평가가 대상을 가리지 않고 부정적으로 일관한 것은 아니었다. 1894년의 청일전쟁 당시 평양성에서 청국군이 일본군에 패전한 사실에 대한 다음의 기록을 살펴보자.

> 이 전쟁에서 왜인(倭人)은 모든 군수 물자를 다 자기 나라에서 수송해 왔는데, 시탄(柴炭)까지도 그러하였다. 저들은 이르는 곳마다 물을 사서 마셨고, 군령이 매우 엄하여 우리 백성들이 군대가 와 있다는 것을 의식하지 못할 정도였다. 그래서 모두들 기꺼이 그들을 위하여 향도(嚮導)가 되었던 것이다. 반면 청인(淸人)은 음행과 약탈을 자행하고 날마다 징발하기를 일삼아 관민이 모두 곤란을 당하여 그들을 원수 보듯 하였다. 평양이 포위되었을 때 문을 열고 왜군을 인도한 자도 있었고, 청군이 패하여 도망가 숨어 있으면 성내의 백성들이 그 숨은 곳을 가르쳐 줘서 벗어날 수 있는 자가 드물었다.
>
> ─《매천야록》제2권

일본을 '왜'로 표현하는 점에서 미루어 볼 때 결코 매천이 일본을 호의적으로 생각하고 있지는 않다는 것을 느낄 수 있다. 실제로 그의 저술 중 위의 대목을 제외하면, 일본에 대해 부정적인 입장을 피력하는 다른 내용이 훨씬 많다. 그러나 매천은 자신이 개인적으로 좋아하고 싫어하는 문제와 어떤 사건을 평가하는 문제는 전혀 별개의 것으로 파악했다. 그래서 앞서 보았듯이 척사파라고 해도 원칙을 어기면 매서운 비판을 가하고, 싫어하는 일본이라고 해도 공정하게 평가해줄 만한 부분이 있으면 결코 인색하지 않았던 것이다.

　이렇게 객관적인 사실을 필자 자신의 주관적인 의식 내지 호오(好惡)의 감정과는 엄격히 분리해서 포착하고 평가하려는 매천의 자세는 유교에서 공자가 주장한 이른바 '춘추필법(春秋筆法)', 곧 비판의 태도가 엄정하고 대의명분을 밝혀 세우려는 사필(史筆)의 논법과 그 맥락이 닿아 있다고 할 수 있다. 결국 매천의 붓 아래에 완전한 사람이 없는 것은 그가 마구잡이로 모든 인물들을 평가절하했기 때문이 아니라, 나름대로의 분명한 원칙 아래 매서운 비판 지성의 잣대를 역사적 사건과 인물들에게 들이댄 결과인 것이다.

을사늑약의 충격과 호양학교의 설립

1905년 을사늑약이 체결되어 대한제국이 외교권을 박탈당하고 일본의 보호국으로 전락한 사실은 구례에서 은거하며 저술 활동으로 소일하던 매천에게 크나큰 충격을 주었다. 그는 그 일이 있은 뒤 여러 날 동안 비분강개하며 식음을 전폐했다고 전해지며, 이때의 울분을 '문변삼수(聞變三首)'라고 하는 세 수의 시를 통해 표출하기도 했다.

　　幽蘭軒燈亦奇哉　유란헌 불탔지만 역시 기이하구나.
　　萬歲亭摧宇宙哀　만세정 무너지니 온 세상 슬펐더라.

屈指千秋亡國史 천추의 망국 역사 손꼽아 헤아리니,
幾人能得快心來 몇 사람이나 능히 통쾌한 마음 가졌을까?

廟堂磨墨日尋盟 조정에서 먹을 갈며 날마다 동맹하지만,
一夜天崩七廟驚 하룻밤에 하늘 무너지니 종묘가 놀랬더라.
瞻彼齊山松栢老 저 산들을 쳐다보니 송백만이 늙어 있고,
遺民歌哭不成聲 백성들의 통곡은 소리조차 못 내더라.

洌水吞聲白岳嚬 한강도 울음 삼키고 백악산은 찡그리고,
紅塵依舊簇簪紳 티끌은 그대로인데 벼슬아치들만 모여드네.
請看歷代姦臣傳 바라건대 역대의 간신들 역사를 볼지어다.
賣國元無死國人 나라 팔아먹은 자는 목숨 바치는 일 없더라.

특히 마지막 부분은 을사늑약 체결의 주범인 '을사5적'들에 대한 분노의 표현으로 볼 수 있을 것이다. 이즈음 매천의 절친한 벗인 김택영 역시 울분에 찬 나머지 중국으로 망명을 떠나며 함께 가자고 제의했다. 매천도 그렇게 하고 싶었으나, 황씨 종가의 형이 작고한 뒤 홀로 남게 된 형수가 매천에게 의지하고자 남아 달라고 간곡하게 청해 이것을 포기할 수밖에 없었다. 아버지를 잃은 어린 조카를 돌보는 것은 돌아가신 아버지의 유언이기도 했다.

이 무렵 이후 매천의 저술에서 느낄 수 있는 것은 강한 반일 정서이다. 원래 개항 이후부터 일본을 탐탁지 않게 생각했지만 일본이 침

략자의 마수를 본격적으로 드러내기 시작한 을사늑약 이후부터는 그런 감정이 더 강렬해졌으며, 그에 따라 자연히 항일 활동을 하는 의병에 대한 관심이 높아졌다. 매천은 이전에는 간혹 의병을 비적과 동급에 놓고 비난하기도 했지만, 이때부터는 순국한 의병장들에 대해 수많은 추모시를 지을 정도로 의병에 대해 높은 관심을 보이게 되었다. 심지어 이 당시에 해당하는 《매천야록》을 보면 〈의보(義報)〉라는 항목을 마련해 의병들의 활동을 정기적으로 기록하기도 했다.

한편 1905년 이후 매천의 활동에서 중요하면서도 이채로운 것 하나가 바로 사립학교를 설립한 것이다. 매천은 개항 당시에는 서양 문물의 유입에 대해 비판적이었으나 그렇다고 척사론에 해당할 만큼 강렬한 배척 의식을 가지고 있지는 않았다. 더구나 서양 문물을 수용하고 근대 국가를 이룩한 일본의 침략 때문에 나라의 운명이 풍전등화가 되어 가는 현실은, 자라나는 세대에게 국가를 보전하려면 성리학을 위시한 전통적인 학문이 아니라 서양의 신학문을 교육시켜야 한다는 생각을 갖게 만들었다.

이에 따라 매천은 사립 교육기관인 '호양학교(壺陽學校)'의 설립을 주도하게 되었다. 호양학교는 매천이 53세 되던 해인 1907년에 그 설립을 발기한 뒤 개인 모금을 통해 이듬해에 자신의 은거지인 전남 구례에서 개교했는데, 매천의 소망대로 이곳에서는 각종 신학문을 교육했으며, 많은 젊은이들에게 애국·민족정신을 가르쳤다고 한다. 그러나 매천의 순절 이후 재정난과 더불어 일제의 탄압으로 인해 1920년에 광의공립보통학교로 전환되면서 사실상 폐교되고 말았다.

호양학교. 폐교 이후 86년만인 2006년에 전남 구례군에 의해 복원되었다.

선비의 소명

이제 이 글의 서두에서 제기했던 질문으로 다시 돌아가 보자. 매천은 자신에게 국가를 위해서 목숨을 버릴 의무는 없다며, 다만 '선비'로서의 소명을 다하기 위해 죽는다고 말했다. 또한 '올바른 마음씨와 좋은 글에서 얻은 가르침'이라는 명분으로 자신의 자결을 말하고 있다. 매천이 자신의 정체성으로서 이해하는 '선비'는 무엇이며, '올바른 마음씨와 좋은 글에서 얻은 가르침'의 내용은 어떤 것인가?

매천은 기본적으로 사회의 급격한 변화를 바라지 않는 보수적 입장을 가진 인물이었다. 개항 이후 서구 문물의 수용에 대한 그의 생각은 우리의 정신문화를 지키면서 서구의 기술만 수용하자는 동도서기론에 가까웠다고 할 수 있다. 그러나 그가 지키려 했던 우리의 '도', 곧 '본'은 화석화된 유학 혹은 성리학의 교리는 아니었다. 그것은 "어진 이를 가까이하고, 간사한 무리를 멀리하며, 백성을 사랑하고, 재용을 절약하며, 신상필벌을 제대로 하는 것", 곧 시대가 흘러도 보편적으로 타당성을 인정받을 수 있는 가치였다.

결국 이런 유학 혹은 성리학 중에서 시대를 뛰어넘은 보편성을 지닌 내용과 덕목들로 이루어진 '본', 이것이 바로 매천이 생각한 '올바른 마음씨와 좋은 글에서 얻은 가르침'이고, 동시에 그가 '충' 대신 이루고자 한 '인'이기도 했다. 이것은 곧 그가 자신의 목숨을 초개처럼 버리면서 지키려던 가치였다.

그리고 이런 가치들을 습득해 잘 아는 것은 물론 스스로 이것을 실천하고자 하는 지식인의 유형, 그것이 곧 그가 바라본 '선비', 다른 말로 하면 그의 절명시에 나오는 '글 아는 사람(識字人)'이었다. 그 선비를 배출하는 토양으로서 500여 년간 존속한 조선왕조가 멸망하자, 그 자신은 관직을 역임한 적이 없지만 당대를 풍미한 3대 시인 중 하나라는 존재 자체의 무게, 곧 '선비'의 대표 중 한 사람으로서의 책임감을 느꼈던 것이다.

매천이 책임을 지는 방식 또한 선비의 행동 원칙에 따른 것이었다. 한말의 의병장으로 유명한 유인석(柳麟錫)은 처변삼사(處變三事), 곧 사회가 변란에 처할 때 선비가 취하는 행동을 크게 세 가지로 보았다. 첫째는 거의소청(擧義掃淸), 곧 의병을 일으켜 적을 소탕하는 것이고, 둘째는 거지수구(去之守舊), 곧 국외에 망명해 국체의 옛 모습을 그대로 지키는 것이며, 마지막이 자정수지(自靖遂志), 즉 스스로 목숨을 끊어 절개를 지키는 것이었다. 그중 중국으로 망명한 김택영이 택한 것은 두 번째의 길이었는데, 매천은 선비로서 세 번째 방안, 곧 죽음을 선택하는 이도 있어야 한다고 생각한 것이다.

어떤 사회 혹은 국가의 지도층이 특권적인 지위에 안주해 일신의 평안을 추구하지 않고 스스로 모범을 보이는 행태, 이를테면 유력한 정치인이나 왕족 혹은 그의 자제들이 몸소 앞장서 전쟁에 참가하는 자세를 일컫는 말로 '노블레스 오블리주'라는 용어가 있다. 여기서 지도층을 일반적인 의미로서의 '국가를 이끌어 가는 지도 세력'으로 파악한다면, 말단의 벼슬 한 번 해 본 일 없는 매천은 여기에는 전혀 해당사항이 없다고 할 수 있다.

그러나 여기서의 '지도층'을 보다 넓은 의미로 해석해 보면 어떨까? 즉 조선 왕조를 '국가'라는 차원이 아니라 '선비'라는 유형의 지식인을 낳은 정신 문명의 토대라는 관점에서 본다면, 그러한 선비를 대표하는 인물 중 하나로서의 매천의 자결은 광의의 '노블레스 오블리주'로 볼 수 있지 않을까?

또한 매천은 지금까지 살펴보았듯이 자신이 사는 당대의 사회를 보수적인 시선에서 바라보고 있었다. 비록 개화와 척사의 경계에서 이들을 다 같이 비판하긴 했지만, 그가 인식하고 있던 '선비'라는 정체성은 근대적 지식인으로서의 모습이라고 보기는 어려우며, 오히려 전통적인 그것에 가깝다고 해야 할 것이다. 따라서 이렇게 전통적이고 보수적인 입장을 가진 매천이 평생 직위나 재물을 탐하지 않고 '노블레스 오블리주'를 실천했다는 점에서 그를 '건전한 보수'로 정의할 수 있지 않을까?

5

유형원 _ 조정을 등지고 개혁을 구상한 사대부

1만 권 책 속에 살며,
조선 왕조 지배층에
새로운 참고서를 저술하다

이렇게 백성들을 위하는 마음과 학문적 성과가 명성을 얻게 되면서 반계는 1665년(현종 6) 묘당(廟堂, 의정부)의 추천으로 관직에 오르도록 천거되었다. 그러나 그는 "내가 지금 재상들을 알지 못 하는데 어찌 지금 재상들이 나를 안다고 하는가" 하면서 이것을 거부했다. 이것은 붕당간 세력 다툼에 휩쓸려 있는 중앙 정치계를 떠나 농촌의 현실 속에서 '선비' 로서 자기에게 맡겨진 임무를 다하기 위한 노력이었다.

양택관 : : 현대고등학교 교사

유형원
1622~1673

반계 유형원은 임진왜란이 끝나고 약 20여 년이 지난 1622년(광해군 14) 한성의 서부 소정릉동의 큰외숙부인 태호 이원진의 집에서 태어났다. 증조부는 현령을 지냈으며 조부는 정랑을 역임했고, 부친은 예문관 검열을 역임했다. 그리고 외조부는 여주 이씨로 우참판이었다. 이렇듯 반계는 전형적인 양반 사대부 가문에서 태어나고 자랐다. 반계는 태어날 때부터 매우 준수했으며 눈은 샛별처럼 빛났고, 등에는 북두칠성 형태의 일곱 개의 점이 있었다고 한다.

인조반정이 있고 아버지 유흠이 관리로 등용되었으나 광해군 복위 사건에 연루되어 약관 28세에 세상을 뜨고 말았다. 이후 반계는 성리학을 공부한 정통 양반 관료인 외숙 이원진과 고모부인 김세렴에게 다섯 살 때부터 학문을 배우기 시작했다. 반계는 어릴 때부터 영특해 스스로 독서 과정을 세우고 열심히 공부했고, 경서와 사서를 강독하고 제자백가를 섭렵했는데, 이원진과 김세렴은 반계가 큰 인물이 될 거라 여겼다. 이때부터 반계는 이미 학문에 전념하고 과거를 보는 일을 달갑게 여기지 않았다. 일찍감치 아버지를 여의고 두 스승에게 글을 배우면서 학문에 보다 전념할 것을 다짐했기 때문일 것이다. 남에게 보여주기 위한 공부가 아니라 자신의 학문을 행동으로 실행하고자 자기 자신을 위한 공부에 힘쓴 것이다.

궁벽한 시골에서 성리학적 사회를 세우다

임진왜란과 병자호란이라는 두 차례의 전란을 거친 후 반계 유형원은 전쟁의 혼란을 수습하기 위해 노력했다. 유형원은 조선사회의 지배층으로서 모범을 보이면서 또한 농민들의 생활을 안정시키기 위한 다양한 방안들을 제시했다. 전통 유학 사상에 기반하면서 현실의 사회적 변화를 받아들여 정치·경제·사회제도 등 다양한 방면에 걸친 개혁을 주장했다. 반계의 이런 주장은 조선 후기에 등장하는 실학을 이해하는 데 하나의 단초를 제공한다.

    반계 유형원은 지금의 전북 부안현 우반동에 살았다. 양란 이후 당시 농민들의 생활은 크게 어려워졌다. 농민들의 생활을 돌보고 나아가 양반 지배층으로서 그 사람들에게 모범을 보일 필요가 있었다. 그래서 유형원은 세금을 낼 시기가 되면 가장 먼저 세금을 납부했다. 국가의 명령을 먼저 따름으로써 주변 농민들에게 지배층으로서의 모범을 보임과 동시에 족징(族徵)과 인징(隣徵)의 형태로 주변 친척이나 민인들에게 피해가 가지 않도록 하기 위해서였다. 또 지배층으로서 성리학적 생활방식을 솔선수범하기도 했다. 자신이 살던 우반동의 허름한 음사(淫舍, 조상신 또는 귀신을 모시는 집) 세 곳에서 마을 여성들이나 남성들이 모여 기도를 드리고 귀신을 쫓는 모습을 자주 본 반계는 성현의 가르침을 배우는 사람으로서 그런 모습을 용납하지 못했다. 반계는 그 음사를 헐어 버리고 그 가운데 있던 나무를 베어 버려 미신을 타파하고 성리학적 사회이념을 정착시키는 데 힘썼다. 이렇게 음사를 없애 버리자 마을의 무당과 판수들이 집 밖에서 소란스럽게 떠들었지만 차마 집 안으로 들어오지는 못했다.

우반동에서의 반계는 이렇듯 선비로서 자신의 위치에 걸맞게 행동하면서 자부심을 드러내며 생활하고 있었다. 그런데 반계는 왜 과거를 치르지 않고 부안 우반동이라는 궁벽한 시골에 은둔해 생활했던 것일까?

과거를 포기하다

유형원은 임진왜란이 끝나고 약 20여 년이 지난 1622년(광해군 14) 정월 스무하루 날 한성의 서부 소정릉동에 있던 큰외숙부인 태호 이원진의 집에서 태어났다. 증조부는 현령을 지냈으며 조부는 정랑을 역임했고, 부친은 예문관 검열을 역임했다. 그리고 외조부는 여주 이씨로 우참판이었다. 이렇듯 반계는 전형적인 양반 사대부가문에서 태어나고 자랐다. 반계는 태어날 때부터 매우 준수했으며 눈은 샛별처럼 빛났고, 등에는 북두칠성 형태의 일곱 개의 점이 있었다고 한다.

그 다음 해에 인조반정이 일어나 아버지 유흠이 관리로 등용되었지만 광해군 복위 사건에 연루되어 약관 28세에 세상을 뜨고 말았다. 반계는 외숙인 이원진과 고모부인 김세렴의 지도 아래서 학문을 시작했다. 이원진은 이후 감사까지 지낸 인물로 하멜 표류 사건 당시 제주 목사로서 일을 처리한 인물이었다. 그리고 김세렴은 황해도와 평안도 관찰사 등 지방관리를 역임하다 호조판서에 이르렀으며 특히 청과의 국교(國交)에 능했고, 문집《동명집》과 일본에 다녀오면서 기록한 기행일지《동명해사록》등의 저서를 남겼다.

반계는 다섯 살 때부터 이원진과 김세렴에게 학문을 배우기 시작했다. 어릴 때부터 영특해 책을 한 번 읽으면 잊어버리지 않았다고 한다. 반계는 스스로 독서 과정(課程)을 세우고 열심히 공부해 산수(算數)도 통달했고, 일찍부터 깨달음을 얻었다. 7세 때《서경(書經)》을 공부하다가〈우공편(禹貢篇)〉의 기주(冀州) 두 글자를 배우는데 갑자기 몸을 일으켜 춤을 추었다. 갑작스런 행동에 놀란 태호 선생이 그 까닭을 물었다. 이에 반계는 "모든 일에는 근본이 중요하고 그래서 근본을 높여야 한다고 알고 있습니다. 그런데 이 두 낱말이 그에 대한 아주 적절한 예인 것 같아서 나도 모르게 그만 이렇게 즐거워했습니다"라고 대답했다고 한다. 하(夏)나라 우(禹)임금의 통치에 대한 내용을 읽고 그 원리를 깨쳐 기뻐한 것이었다.

　반계는 경서(經書)와 사서(史書)를 강독하고 제자백가를 섭렵했는데, 이것을 보면서 이원진과 김세렴은 반계가 큰 인물이 될 거라 여겼다. 그런데 이때부터 반계는 이미 학문에 전념하고 과거를 보는 일을 달갑게 여기지 않게 되었던 듯하다. 아마도 일찌감치 아버지를 여의고 두 스승에게 글을 배우면서 학문에 보다 전념할 것을 다짐했기 때문일 것이다. 반계는 남에게 보여 주기 위한 공부가 아니라 자기 자신을 위한 공부에 힘썼다. 자신의 학문을 행동으로 실천하고자 노력한 것이다. 학문에 대한 올곧은 성품과 기개는 이후 반계의 생활 태도에도 반영되어 나타났다.

　15세 되던 해에 병자호란이 발발했다. 난을 피하기 위해 반계는 조부모와 어머니, 두 고모를 모시고 원주로 떠나게 되었다. 자신에게 의지하는 세 집안 식구들을 모시고 피란하는 과정에 반계와 식솔들은 강도를 만나게 되었다. 몽둥이를 들고 길을 막아 서는 강도 앞에 나아가 반계는 의(義)로써 그들을 설득했다. "사람에게는 모두 부모가 있으니 너희들은 우리 부모들을 놀라게 하지 말고 짐꾸러기만 가지고 가라"라고 말하며 그들을 가로 막아섰다. 반계의 말에 도둑들은 감동했고, 결국 그대로 흩어져 가 버렸다. 다음 해 병자호란이 평정되자 조부는 부안으로 옮겨갔고, 반계는 여러 곳의 선영을 두루 살피면서도 조부를 뵙기 위해 부안에 자주 왕래했다. 아마도 이때부터 부안에 흥미를 가지게 된 듯하다. 18세에는 우의정 심수경의 증손녀이며 철산부사 심항의 딸에게 장가들었다.

반계의 인품과 학문에 대한 명성은 이미 널리 알려져 있었다. 반계가 열아홉 살이 되었을 때, 어머니의 병이 위중해지자 치료약을 얻기 위해 유명한 의사인 유후성을 찾아갔다. 당시 그 의사는 자신의 재주만 믿고 교만방자하여 사대부들을 업신여겼다. 그런데 반계가 어머니에게 정성을 다하는 모습을 지켜보고는 당(堂) 아래까지 내려와 반계를 배웅하는 등 지극한 존경심을 표시했다. 이렇듯 반계의 정성스런 행동은 여러 사람들을 감동시켰다. 당시 반계의 명성이 널리 퍼지자 국왕의 사위였던 전창위(全昌尉) 유정량이 만나기를 원했다. 그는 반계가 책을 좋아한다는 소문을 듣고 반계에게 그의 집에 당나라 판본 서적이 가득하니 한번 와서 읽어 보라며 말을 전하였다. 그러나 반계는 한 번도 가지 않았으며 이후에도 권세 있는 가문에 발걸음하지 않았다.

22세에 고모부 김세렴이 관서 지방의 관찰사로 부임하자 반계는 고모부의 행차를 따라 나섰다. 이 행차를 통해 서북 지방의 산천을 돌아보는 기회를 얻게 되었다.

23세 되던 해에 할머니가 돌아가셔서 상주 노릇을 하면서 주문공 가례를 엄격히 지켜 행했다. 2년 뒤에 고모부 김세렴의 죽음에 통곡했는데, 27세 되던 해에는 어머니가 돌아가셨다. 연달아 상을 치르면서 반계는 성리학적 예의를 엄격히 지켜 가면서 자신의 학문적 배움을 현실 생활에 그대로 반영해 몸에 배게 했다. 상례를 다 치르자 할아버지가 과거에 응시하기를 명했고, 그 뜻에 따라 감시(監試)에 응시했다. 조선의 지배층인 양반 사대부들은 과거 시험을 통해 자신들의 지위를 유지하고 계승해야 했기 때문에 과거 시험을 치러야 했는데, 반계는

반계가 기거했던 우반동 반계골의 모습. 《부안독립신문》 제공

학문 연구에만 전념하고 있었다. 이런 상황에서 할아버지의 권유로 과거를 준비하게 되었다. 그 과정에서도 반계는 틈틈이 영남과 호서 지방 등을 두루 유람하면서 조선의 산천과 농민들의 생활을 살펴볼 수 있는 기회를 가졌다.

 30세 되던 해 봄에 다시 과거에 응시해 합격했으나 답안이 격식에 맞지 않는다는 이유로 합격자에서 빠지게 되었다. 그해에 할아버지가 돌아가셨는데 할머니와 어머니를 모셨을 때와 마찬가지로 상례에 정성을 다했다. 할아버지의 초상을 치르면서 반계는 자신이 유람했던 산천의 모습과 농민들의 생활을 다시 한 번 생각하게 되었다. 더욱이 전쟁을 겪은 이후로 토지를 잃고 방황하는 어려운 농민들의 모습을 보면서 이런 현실을 해결하기 위한 방안을 고금의 서적을 바탕으로 연구하기 시작했다. 비록 현실 정치 권력에 참여하지는 못하고 있지만, 두 스승과 할아버지에게 배운 양반 사대부로서의 기본적인 마음가짐과 행동에서 우러나오는 자연스러운 모습이었다. 조선 사회의 여러 가지 모습에 대한 개혁책을 제시하는 글(《반계수록》)의 기초 작업을 진행하면서 반계는 할아버지의 복상(服喪)을 마쳤다.

 이후 반계는 현실 권력의 공간이었던 한양을 떠나 선조(先祖)들이 사여받았으며 일찌감치 할아버지가 내려가 은거하던 부안현 우반동으로 자신의 거처를 옮겼다. 호란과 명나라 멸망 이후 세속에서 벗어나 은거하고자 했던 반계에게는 비록 넉넉하지는 못하지만 세간의 여러 소문에 개의치 않고 자신의 연구 활동에 전념할 수 있어서 좋았다. 우반동에 거주하기 시작한 해 가을에 반계는 할아버지의 유명(遺命)을 받들어 마지막으로 진사시에 응시하여 합격했다. 그렇지만 벼슬에 나아가지 않았고 이후 다시는 과거에 응시하지 않았다. 우반동에 은거하면서 영호남 등지를 유람하며 산천을 살피면서도 조선의 어문과 지리, 역사 등에 관련된 연구를 진행했다. 그렇게 《반계수록》도 점차 완성되어 갔다.

1만 권의 책 속에 살다

반계는 학문 연구와 행동거지에 조심하면서 스스로 네 가지 주의사항을 정해 항상 자신의 생활을 반성했다.

> 아침 일찍 일어나고 밤늦게 자는 것을 능히 할 수 없고, 의관을 바로하고 어른을 공경히 보는 것을 능히 하지 못하고, 부모를 섬길 때 안색을 온화하게 하는 것을 능히 하지 못하며, 집에 거처할 때 상대를 공격하는 것을 능히 하지 못한다.
> ― 안정복, 《반계연보》

항상 자신의 행동을 반성하고 학문 연구에 몰두하면서도 아는 것을 행동으로 실천하려는 반계의 모습은 생활 곳곳에서 드러났다. 그는 할아버지가 터를 잡아놓은 우반동으로 이사한 뒤, 두어 간의 초가집을 짓고 조상 대대로 이어져 내려오던 1만 권의 책 속에서 처사(處

유형원은 이곳에서 제자들을 가르치고 실학의 대저 《반계수록》을 집필했다.
(《부안독립신문》 제공)

±)로서의 생활을 했다.

서재에는 서가를 수없이 올려 책을 무수히 쌓았고, 대나무로 만든 사립문은 항상 닫혀 있었다. 사슴이 낮에도 울타리 안으로 찾아들면 선생은 이를 낙으로 삼았다.

― 안정복, 《반계연보》

선생은 학문에 전념하여 밤낮을 가리지 않았고, 때로 영감이 떠오르면 밤중이라도 일어나 글을 썼다. 그러면서도 오히려 노력이 부족하다고 하여, 매일 해가 저물면 "오늘도 또 허송을 했구나. 진리는 무궁무진하고 세월은 한도가 있는데, 고인은 무슨 정력으로 저 같은 업적을 성취하였는고" 하면서 한탄하였다.

― 안정복, 《반계연보》

중앙 권력에서 배제된 채 시골로 내려와 많은 저서들을 읽으면서 생활하고 있었지만, 그는 조선사회의 지배층인 양반으로서의 성리학적 생활 태도와 마음가짐을 철저히 수행했다. 반계는 부모에게 효도를 다하지 못했음을 한탄했고, 아침저녁으로 주문공가례에 의거해 가묘 참배를 게을리하지 않았다. 특히 돌아가신 부모님에 대한 효도가 지극해 생선과 게가 반찬으로 올라 온 밥상을 대할 때마다 "어릴 적에 집이 가난해서 어버이에게 맛이 좋은 음식을 대접하지 못하였는데 이제 바닷가에 와서 맛있는 것이 있어도 누구를 봉양할 것인가"라고 눈

반계가 마셨던 샘물. 지금도 마르지 않고 샘물이 솟고 있다. 《《부안독립신문》 제공)

물을 흘리며 차마 먹지 못했다. 그리고 서울에 떨어져 있는 그의 누이를 어머니같이 생각해 경기도의 농장곡을 보내주어 생활 밑천으로 삼게 하는 등 우애를 실천했다.

반계는 관혼상제의 기본적인 예법을 철저히 지켰다. 일찍이 딸이 혼인을 정했는데, 사위의 집이 상고(喪故)를 당하자 삼년상을 마치기를 기다리고 나서야 딸을 시집 보내기도 했다. 사대부로서 성리학적 사회질서를 몸소 수행하려는 것이었다.

반계는 집안일을 엄격하게 단속했으며, 노비와 하인에게도 각기 그 일을 나누어 분담시켜 처리함으로써 항상 깨끗하게 정리된 생활을 했다. 나아가 아이들에게도 노비를 대할 때 항상 조심하라고 일러두기도 했다. 단순히 노주(奴主)와 노비(奴婢)의 관계가 아니라 군자(君子)와 소인(小人)의 관계로서 직분에 맞추어 처신하라는 의미였다. 그렇지만 동네 사람들을 대할 적에는 귀천(貴賤)과 빈부(貧富)를 따지지 않고 어울렸으며, 어려운 이웃을 만나면 서슴지 않고 도왔다. 천성이 그럴 뿐 아니라 향촌사회의 소인들을 이끌어 가야 하는 군자의 모습이기도 했다.

이렇게 백성들을 걱정하는 반계의 모습은 여러 가지 일화로 전해지고 있다. 어느 날 반계가 서울 나들이에서 돌아오는 길이었다. 어느 나루터에서 길손들과 말을 가득 태운 나룻배가 강 중류에서 부서져 사람과 말이 모두 물에 빠지는 것을 보았다. 상류에 있던 배를 급히 불러 재촉해 물에 빠진 사람들을 건져 내게 했고, 노비들로 하여금 근처 마을의 집으로 업고 옮기게 한 뒤 젖은 옷을 벗기고 다른 옷을 입혔다.

그리고 죽을 끓여 주고 그 집에서 머물면서 그들이 깨어나기를 기다렸는데, 그렇게 해서 살아난 사람이 아홉 명이나 되었다고 한다.

또 1670년(현종 11)에는 하늘에 혜성이 걸쳐 있는 것을 보고 큰 기근이 있을 것을 미리 예견하고, 다른 사람들에게 대비하는 방법을 일러주었지만 아무도 믿지 않았다. 그렇지만 반계는 죽을 먹으면서 곡식을 아껴 저축하고 소와 말을 팔아 오곡으로 바꾸어 놓았다. 다음 해 봄에 일대 기근이 일어나자 그 곡식을 동네 사람들과 친척들에게 나누어 주고 떠돌아 다니는 거지들도 정성껏 구제했다.

조선의 지배층으로서 반계는 임진왜란 때 도움을 준 명나라가 오랑캐에 의해 멸망하고 또 병자호란을 통해 조선이 치욕을 당한 것을 한스럽게 여겼다. 그래서 복수할 계책을 미리 준비했다. 집에서는 하루에 300리를 갈 수 있는 말을 길렀고, 좋은 활과 조총을 창고에 저장해 두어 때때로 집안의 하인들과 동네 사람들에게 활쏘기와 총쏘기를 가르쳤다. 또 바닷가에는 그가 고안해 낸 날랜 배 네댓 척을 매어 놓았다. 더불어 그 지역의 험한 요새와 수륙의 역마와 도로를 일일이 기록해 놓기도 했다.

양반은 본래 자신의 근거지를 중심으로 농장을 소유한 지주세력으로서 향촌의 백성들을 통제하고 지배하는 실력을 겸비하고 있었다. 조선 왕조에서는 이런 양반의 위치와 역할을 국가권력으로 보장하고 인정하고 있었는데, 양반 사대부들이 국왕의 권력에 협조해 국가 운영에 참여하고 자신들의 지배권력을 집중시킨 이유는 바로 자신들의 이러한 권력을 뒷받침하기 위해서였다. 국가 운영이라는 큰 틀 속에서 국왕과 양반 사대부들은 사적인 계약이 아닌 의리(義理)라는 절대 명분을 바탕으로 관계를 유지시켰고, 때문에 국왕과 양반 사대부간의 의리가 양반 사대부들이 처신을 가늠하는 중요한 지표로서 기능한 것이다. 이 과정에서 "임금 대하기를 부모처럼 하고 선비 아끼기를 자식처럼 하고 백성 돌보기를 노비처럼 하는 마음을 항상 지니고 있으면 다스리는 효과가 있다"는 정치론도 수립되었다.

  16~17세기 조선 사회의 변화 속에서 사회·경제적 지위를 유지하려던 많은 양반 사대부들은 조선 초기와는 다른 많은 변화를 겪어야만 했다. 우선 두 차례의 전란을 거치면서 세종대 170만 결까지 늘어났던 농경지의 수가 전란 이후에는 30~50만 결 정도로 감소되면서 많은 농민들과 양반 사대부들이 경제적으로 어려움을 겪었다. 조선 정부는 전란 이후 이렇게 감소한 농경지를 다시 확보하기 위해 개간을 장려하는 등 많은 노력을 기울였다. 그렇지만 개간에는 많은 인력과 재력이 필요했고, 그 때문에 결국 이 과정에서 이득을 볼 수 있는 계층은 당시 권력을 잡고 있던 관리들이나 또는 지방 관리들의 도움을 받을 수 있는 양반 사대부층과 일부 재력이 있던 농민층이었다. 이들은 자신들의 권력과 국가의 지원 속에서 많은 토지를 개간하고 이것을 소유할 수 있었다. 반대로 양반층 중 일부는 이런 사회 변화 속에서 제대로 적응하지 못해 부유한 농민층보다 못한 생활을 하거나 심지어는 토지와 노비도 없이 겨우 연명하는 생활을 하는 경우도 있었다. 이 시기에는 전란 과정에서 경작 토지가 감소한 것과 더불어 많은 자연 재해와 질병이 발생하면서 인구도 감소했다.

이렇게 백성들의 생활이 어려워지자 조선 정부는 가난한 백성들을 구제하기 위해 진휼 정책을 펼쳤지만 제대로 시행되기는 어려웠다. 결국 중앙정부의 진휼책이 제대로 시행되지 못하는 상황에서 각 지방사회의 양반 사대부들은 자신들이 거주하는 농촌사회의 안정을 위해 지배층으로서 나름의 노력을 기울일 수밖에 없었다. 반계가 실시했던 각종 진휼책도 그런 과정에서 나온 것이었다.

호란을 거치면서 양반 사대부층 내부에서는 북방 오랑캐에게 당한 치욕을 복수해야 한다는 주장이 펼쳐졌다. 이것은 임진왜란 과정에 왜의 침입을 막아 준 명나라를 멸망시키고 중국을 차지한 오랑캐의 나라인 청나라에 명나라를 대신해 복수해야 한다는 복수론이면서 동시에 이제는 사라진 명나라를 대신해 조선이 중화국으로서 그 대통을 이어 나가야 한다는 소중화론이었다. 이것은 성리학적 사고방식에서 자신들이 모범으로 따르던 명나라가 청에 의해 멸망하자, 명나라를 대신하여 청나라를 멸망시켜야 한다는 의식이 자연스럽게 전개된 것이었다. 이런 이유로 조선 정부와 양반 사대부들은 군대를 양성하는 등 나름의 준비에 힘쓰게 되었다. 유형원이 동리(洞里)의 사람들에게 군사훈련을 시켰던 이유도 바로 이런 의식의 연장선상에 있었다.

이렇게 백성들을 위하는 마음과 학문적 성과가 명성을 얻게 되면서 반계는 1665년(현종 6) 묘당(廟堂, 의정부)의 추천으로 관직에 오르도록 천거되었다. 그러나 그는 "내가 지금 재상들을 알지 못 하는데 어찌 지금 재상들이 나를 안다고 하는가" 하면서 이것을 거부했다. 이것은 붕당간 세력 다툼에 휩쓸려 있는 중앙 정치계를 떠나 농촌의 현실 속

반계가 사회 모순을 해결하려고 일생을 바쳐 탐구하고 기록한 《반계수록》.

에서 '선비'로서 자기에게 맡겨진 임무를 다하기 위한 노력이었다.

> 하늘이 사민(四民)을 내어 각각 그 직분을 주었는데, 내가 조상의 덕으로 편안히 앉아 죽이나 얻어먹는다면 이는 천지 사이에 하나의 좀벌레일 뿐이다.
>
> ― 유형원, 《반계잡고》

사농공상(士農工商)이라는 성리학적 신분관 속에서 반계는 그 자신이 직접 농사를 짓거나 장사를 하지는 않았지만, 농공상이 각자의 직분을 다할 수 있도록 이끌어 주는 '선비'의 임무를 강조하고 실천했다. 이런 인식 속에서 임진왜란과 병자호란 이후 조선사회는 사회·경제적 변화 ― 신분제의 붕괴와 대토지 소유제의 확대 등 ― 속에서 노비가 늘어나고 평민의 수는 점점 줄어들었는데, 반계는 농민들의 생활이 어려워지고 국가 재정은 더욱 궁핍해지는 현실을 통탄하고 그 해결책을 제시하지 않을 수 없었다. 그 결과물이 《반계수록》이었다.

토지 제도 개혁으로 나라의 살림을 계획하다

반계는 《반계수록》이 '내가 고금의 서적을 읽다가 얻은 것을 쓴 것도 있으나, 대개 나의 사색 가운데서 우러난 것을 생각나는 대로 기록한 것'이라면서 '이것을 세상에 내어 공개하려는 것은 아니며 어디까지나 나의 사적인 기록으로 스스로 고험(考驗)하기 위한 것'이라고 했다. 비록 반계의 이런 주장은 소박하지만, 실제 《반계수록》의 내용은 당시의 사회·경제적인 문제점을 해결하고 국가 질서를 올바르게 바로 잡을 수 있는 최선의 방안을 제시한 것이었다. 이것은 조선왕조를 이끌어 나가는 사대부 지배층으로서는 당연한 사고였다. 이렇게 저술된 《반계수록》은 이후 조선 왕조 지배층이 여러 가지 제도 개혁을 추진할 때 하나의 참고 자료로 제시되었다.

1678년(숙종 4)에 반계의 벗인 배상유가 《반계수록》 중 전제(田制), 학제(學制) 등 7개 조를 들어 그것을 실시할 것을 건의했는데, 특히 토지 제도의 개혁을 건의했으나 채택되지는 못했다. 그리고 1693년(숙종 19)에 호남 사림들이 부안현에 서원을 세워 선생을 배향하였다. 다음 해에는 노사효 등의 유생들이 《반계수록》의 초본 일부와 함께 왕에게 상소해 사액(賜額)하기를 청했다. 그러나 왕은 별다른 관심을 표하지 않았다. 그 후 1741년(영조 17)에 승지 양득중이 《반계수록》으로 강(講)할 것을 청하자 영조는 이 책을 즉시 올리라고 명했다. 그리고 1769년(영조 45)에는 유신 홍계희에게 명하여 《반계수록》을 간행해 왕에게 올리고 다섯 군데 사고에 보관할 것을 명했다. 이것은 반계가 죽은 뒤 거의 1세기가 지난 뒤의 일이었다. 그리고 정조대에 이르러 유형원의 각종 개혁안들은 실제 정치에 참고되었다.

그렇다면《반계수록》은 과연 어떤 책인가?《반계수록》은 총 26권 13책과 보유(補遺)로 되어 있다. 그리고 그 편제는 전제 · 교선제 · 임관제 · 직관제 · 녹제 · 병제의 6개 부문과 미완성인 보유 군현제의 1편으로 구성되어 있다. 그리고 각 편마다 고설(攷說)을 붙이고 우리나라와 중국의 옛 문헌을 인용해 반계가 논한 내용을 보충했다.

반계 논설의 가장 기본은 바로 토지 제도 개혁이다. 그는 토지 제도의 개혁 위에서 국민의 부담을 줄이고 국가의 재정을 늘리며 나아가 국방과 학교 제도를 바로 세울 것을 주장했다.

반계는 당시 사회의 최대 현안으로 토지 문제를 들었다. 그는 임진왜란과 병자호란 이후 혼란스러운 상황을 극복하는 가장 근본적이고 긴요한 해결책으로 토지 문제를 우선 해결할 것을 주장했다.

비록 나라를 다스리기를 원하는 임금이 있으되 만일 토지 제도를 바로 잡지 않으면 백성의 산업은 마침내 영구히 안정시키기 못하고, 부세(賦稅)와 역역(力役)을 마침내 고르게 하지 못하고, 군대를 마침내 정돈하지 못하고, 송사를 마침내 멈추지 못하게 하고, 형벌을 마침내 줄이지 못하고, 뇌물을 마침내 막지 못하고, 풍속을 마침내 도탑게 하지 못할 것이니 이와 같이 하고서 능히 정치와 교육을 잘 이행할 자는 있지 아니할 것이다. 이와 같음은 무슨 까닭인가 하면 토지는 천하의 대본이니 큰 근본이 이미 바로 서면 모든 제도가 따라서 하나도 마땅함을 얻지 못함이 없고, 큰 근본이 이미 헝클어지면 모든 제도가 따라서 하나도 마땅함이 없는 것이다.

— 유형원, 《반계수록》

그는 정전법을 참고로 종래의 토지 사유제를 해체하고 완전한 국가 관리 아래서 공전제를 실시할 것을 주장했다. 공전제를 실시함으로써 빈부가 균평해지고, 호구와 군정의 파악 그리고 각종 부역을 토지에 일치시킬 수 있게 된다는 것이었다. 나아가 조선 사회의 귀천과 신분간 분수를 지킬 수 있게 된다고 보았다. 유형원의 이런 인식은 양란 이후 피폐해진 농촌과 국가 경제를 직접 경험한 데서 출발한 것이었다.

임진왜란 이전 조선 정부의 토지 대장에 등록된 전지는 약 151만 결이었는데 전쟁 이후 1646년경에는 겨우 67만여 결로 약 3분의 1로 감소한 상태였다. 경작지 면적이 감소되면서 농민들의 생활이 어려워졌을 뿐 아니라 동시에 국가 재정도 궁핍함을 면하지 못했다. 이렇게 토지 제도가 문란해지면서, 양란 이후 조선 정부는 버려진 땅의 개간을 장려했다. 그렇지만 이 시기에 땅을 개간할 만한 재력과 노동력을 보유한 계층은 양반 지배층을 비롯한 권세가와 지방의 세력가들뿐이었다. 이들은 이 틈을 타서 가난한 농민들의 토지를 겸병하거나 세금을 과하게 부과해 농민들의 토지를 강제로 빼앗아 토지 소유를 확대해 나갔다. 대토지 소유가 확대되면서 상대적으로 가난한 농민들은 토지에서 배제되어 갔고 자영 소농민들이 몰락하면서 부농과 빈농의 대립이 점차 격화되기 시작했다.

　한편 가난한 농민들을 위한 춘대추납의 환곡 제도도 농민들을 수탈하는 고리대로 변해 농민들의 부담은 더욱 가중되어 갔다. 그리고 양반들을 비롯한 지배층들이 부담해야 할 신역의 의무인 병역에서 도피하는 현상이 증가하면서 결국 가난한 농민들만이 군역을 전담하게 되어 농민들은 더욱 극심한 어려움에 처하게 되었다. 그런데 한양의 양반 관료들은 이런 농촌과 농민들의 문제점을 해결하기보다는 붕당으로 나뉘어 자기 붕당의 이익과 정권 장악만을 추구하면서 점차 현실 문제를 외면하게 되었다. 이런 상황에서 관료들 사이에는 뇌물이 횡행하고 수령과 포교들은 백성을 침탈해 함부로 악형을 가하거나 죽이는 등 국가 기강은 혼란에 빠져 있었다.

　한양에서 멀리 떨어져 부안에서 농민들의 현실을 직접 보고 느끼던 반계는 이런 현실을 강력히 비판하면서 대토지 소유제와 지주제 경영 방식을 부정하고 자영소농 중심의 농업 체제를 지향했다. 그 대안으로 중국 고대의 정전제(井田制)에 주목했다. 그는 정전제를 그대로 조선에 시행하기보다는 정전제의 원리, 즉 토지와 노동력을 일치시켜 백성들에게 항산(恒産)을 보장하고 국가 수취를 적절히 달성한다는 부분을 강조했다. 그리고 토지를 '정(井)' 자로 구획해 백성들에게 지급하기보다는 우리의 지형에 알맞게 토지를 구획하되 앞서 말한 정전제의 이념에 좀 더 충실할 것을 이야기했다. 반계는 토지의 경계(토지 소유권 또는 점유권)를 공정히 규정함으로써 농민들의 생활과 국가 재정 그리고 사회 기강을 바로잡을 수 있다고 보았다. 정전제 원리에 덧붙

논가에 버려진 반계유적비 반절은 땅 속에 묻혀 있다.
(《부안독립신문》 제공)

여 그는 토지에 대한 관리를 국가에서 담당하되 매매를 불허한다는 원칙을 세웠다. 토지 매매를 허용한다면 토지 제도의 개혁이 철저하지 못 할 것이고, 그 성과도 의문시된다고 보았기 때문이다. 이 때문에 반계의 토지론을 '공전론'이라고도 볼 수 있다. 이런 기본적인 원칙 아래서 반계는 토지를 구획하는 방법과 지급 방법을 정리했다.

첫째, 전국의 토지를 실제 면적을 기준으로 '경무법'을 사용해 토지를 구획하고자 했다. 토지의 면적을 결부(結負)로써 계산하지 않고 경무법(頃畝法)을 사용하되, 100보(步)를 1무(畝)로 삼고 100무를 1경

(頃)으로 삼으며 4경을 1전(佃)으로 삼았다. 그리고 농민 한 사람에게 1경의 토지를 주고 법에 의해 조세를 수납하고 토지 4경마다 병정 한 사람을 내도록 했다. 경과 무 단위로 토지를 구획할 때 도로나 개천을 만나면 이것을 자연 경계선으로 이용하고 전(田)과 전 사이에는 작은 둑이나 작은 도랑, 큰 둑이나 큰 도랑을 만들기로 했다. 이와 같은 토지의 구획은 토지의 비옥함과 척박함을 따지지 않고 모두 주척(周尺, 자)을 이용하되, 서둘지 않고 농한기를 이용해 연차적으로 시행할 것을 주장했다.

둘째, 농경지를 경·무 단위로 구획하는 것과 마찬가지로 농가가 모여 취락을 형성한 지역을 일정 가호(20호) 단위로 묶어 여리경(閭里頃)을 설치한다. 15리 혹은 30리 단위로 일정 가호 이상 역참(驛站)을 모아서 역참경을 설치하고, 경성(京城)과 읍성(邑城)에도 신분과 지위에 따라 차등 있게 집터를 규정해 성읍경(城邑頃)을 만든다. 이것을 통해 풍속의 교화를 쉽게 할 수 있고, 성읍 내 사람들의 부역 부담을 공평히 할 수 있으며, 역참을 통한 유통 경제와 도로 교통의 편익을 도모하기 위한 의도였는데, 그렇게 해서 계획적이고 효율적인 토지 이용도 가능해질 수 있다.

셋째, 반계는 4경을 한 단위로 해 네 명의 농부(이때 농부 한 사람은 5~8명의 식구를 거느린 가구를 일컫는다)가 1경(1전=100무=약 40두락)의 토지를 분급 받아 경작하는 방식을 제안했다. 이것은 각 가호의 노동 능력을 중심으로 한 토지 분배 방식이었다. 그리고 이렇게 토지를 지급받은 이들에게는 군역이 부과되었다. 즉 4경 네 사람 중 한 명이

정병(丁兵)이고 나머지 세 명은 보(保)로, 쌀 12말이나 면포 2필을 내어 군역에 충당하도록 했다. 양란을 거치면서 해이해진 군역 제도를 조선 초기의 강력한 집권 체제 형태로 다시 되돌리려는 의도였다.

넷째, 사(士) 지배층으로 일반적인 양반 사대부가 아니라 현능(賢能)한 존재를 일컬었다. 반계가 말하는 사는 곧 학교에 입학해 현능한 존재로 양성되는 이들을 가리킨다)는 관직에 나가지 않아도 학교에 입학하기만 하면 2경이나 4경의 토지를 받을 수 있다. 그리고 관리에 등용되면 그 등급에 따라 6경에서 12경의 토지를 받으며 퇴직 한 뒤에도 계속 가질 수 있도록 했다. 또 토지를 분급 받았지만 지배층이기 때문에 군역이 면제되었고, 관직에 있을 때는 별도의 녹을 받도록 했다. 이것은 농민과 달리 지배층으로서 자신의 직분과 소임을 다할 수 있도록 대우하는 것이었다. 특히 지배층 중에서도 최고 지배층이라 할 수 있는 왕실의 대군(大君)이나 군(君), 공주(公主)나 옹주(翁主)에게는 12경의 토지를 기본 지급하고 여기에 사세지(賜稅地)라는 이름의 토지를 별도로 지급하게 했다. 신분 계급상 왕실을 우대를 하기 위해서였다.

한편 중·하급 지배층인 서리와 복례(僕隸)에게도 토지를 지급했다. 본래 조선 정부에서는 이들에게는 특별한 경제적 대우가 없었다. 그렇기 때문에 이들에 의한 부정 행위가 만연했고, 그 때문에 농민들이 큰 피해를 입고 있었다. 반계는 이런 문제점을 해결하기 위해 이들에 대한 경제적 대우를 고려한 것이다. 그는 서울의 아문(京衙)에 근무하는 서리·복례의 경우에는 오직 녹(祿)만을 지급하고 외방(지방)에서는 녹과 토지를 반반씩 지급하도록 하되 군역은 면제하도록 했다. 지배층과 농민뿐 아니라 공상인에게도 불완전한 그들의 생계를 지원하기 위해 50무의 토지를 지급하고 군역(保布)도 반액만 부과했다. 이처럼 반계는 사회구성원 대부분이 토지를 분급 받아 자신의 경제 생활을 유지토록 했다. 이때 토지를 지급받지 못하는 사람은 무당과 박수, 광대 그리고 승려뿐이었다. 지배층을 우대하면서도 농민이면 양인과 천인을 불문하고 토지를 지급하는 이런 제도에는 자영소농을 육성하려는 반계의 의도가 깔려 있었다. 이것은 경자유전(耕者有田)을 원칙으로 농민들에게 토지를 지급하면서도 지배층에게도 노비와 같이 그들이 소유한 노동력을 이용해 토지를 직접 경작하게 한다는 측면에서 기존 조선의 토지 제도와는 다른 것이었다.

다섯째, 농민은 20세에게 토지를 분급 받고 죽은 후 100일이면 국가에 반납하도록 했다. '사'는 입학과 동시에(역시 20세) 토지를 지급받으며 죽고 난 뒤 3년이 지나면 토지를 체전(遞田)하게 했다. 정2품 이상의 고위관료나 공신 등 국가유공자의 처에게는 원래 지급받은 토지의 절반 혹은 전체를 지급해 국가가 그들을 우대한다는 것을 보이도록 했다.

여섯째, 지급한 토지에 국가는 20분의 1을 원칙으로 하는 전세를 부과하되 토지의 비옥도에 따른 '전분(田分)9등제'에 의해 세율이 적용되도록 했다.

이러한 내용이 담긴 토지 제도 개혁안은 균전론의 범주에서 마련되고 있었다. 반계는 전국의 토지를 국가가 통일적으로 계획해 노동력과 사회 신분, 사회적 분업 관계 등을 고려하고 새로운 기준에 따라 재분배하도록 계획했다. 이것을 통해 양란 이후 확대되고 있던 사적 대토지 소유와 지주제 경영을 부정하고, 일반 농민들의 생산 활동을 안정시킴과 동시에 안정적인 조세 수취를 통해 국가 운영의 효율성을 제고시키려고 했다. 이것은 기존 양반 지배층의 사회 경제적 기득권을 제한하고 자영소농 중심의 농업 생산력 발전을 꾀하는, 당시로서는 획기적인 경제 개혁안이었다. 그러면서도 종래의 차별적인 신분 제도를 인정하고 이것을 바탕으로 토지를 지급했다는 점에서 이후 성호 이익이나 다산 정약용의 개혁안과도 일정한 차이점을 가지고 있었다.

반계는 신분 계급제의 폐지를 주장하지는 않았다. 오히려 기존 지배층인 선비 계층을 바로 기르고 그들의 소임을 바르게 할 것을 주장하였다.

선비 계층 이상이 받는 토지에 모두 병역을 내지 아니함은 무슨 까닭인가. 이와 같이 하면 병정의 수가 어찌 줄지 아니하리오. 선비를 기르는 제도에 이것은 대단히 중요한 일이니 어찌 그렇게 아니할 수 있으리오. 나라에서 선비를 기르는 것은 백성을 위하는 일이 아님이 없으므로 정신 근로와 체력 근로는 귀천의 직분이 나뉜 곳인데 선비를 기르는 것이 병정을 기르는 것만 같지 못하다고 하면 어찌 도리에 맞으리오. 오직 마땅히 가르치고, 지도하고 바로잡고 장려하여 나라에서 선비를 기르는 소이의 본의를 저버리지 아니하기를 바랄 뿐이오. 그리고 그 비용을 아껴서 대부(大夫)를 기르는 자구(資具)를 폐하여서는 안 되는 것이오.

— 유형원, 《반계수록》

균전론

조선 후기 유형원 같은 실학자와 지식인들이 제기한 토지 제도 개혁론은 중국 한나라의 한전법을 참고로 한 것이었다. 당나라 시대까지 시행된 한전법은 토지의 국유를 원칙으로 한 공전제(公田制)로 고려시대의 전시과나 조선시대의 과전법에 많은 영향을 주었다.

과전법은 공전제를 철저하게 이행하려고 토지를 수조권(收租權)의 귀속에 따라 공전과 사전으로 구분해 지급했으나, 과전이 세습화되고 공신·관리가 증가해 사전이 확대됨으로써 재정이 궁핍해졌다. 조선 세조 때에는 과전법을 폐지하고 직전법을 실시했는데, 지주들의 농민수탈은 여전했다. 1557년(명종 12)에는 직전법마저 폐지되어 토지의 공유제가 지주제로 변하고 농장이 확대되었다. 토지 제도의 문란은 임진왜란과 병자호란 등 병란을 겪으면서 더욱 극심해졌다. 그러자 실학자들과 지식인을 중심으로 지주들에게 집중된 토지를 국유화하고 백성들에게 재분배하자는 토지 제도 개혁론이 대두되었다. 대표적인 실학자가 유형원이다. 유형원은 정전법을 이상적인 토지 제도로 여기고, 관리·선비·농민 등에게 토지를 차등 분배해 자영농을 육성할 것을 주장했다. 이러한 유형원의 균전론은 정책으로 채택되지는 못했지만 후대의 실학파 학자들에 영향을 주어 홍대용·박지원 등으로 계승되었다.

반계는 농민의 어려움을 해결하기 위해 각종 개혁안을 제시했지만, 신분 제도의 철폐를 시도하지는 못했다. 선비와 농민, 그리고 노비라는 신분 계급이 각각 자신의 직분에 충실하게 살아가는 사회를 구상하고 있던 것이다. 즉 선비 중심의 신분 질서를 유지하는 것을 기본으로 하는 사회 분업 체제를 구상한 것이고, 그런 선비의 직분으로서 개혁안을 제출한 것이다.

노비제, 호적 제도, 화폐 유통 정비 ― 사후에 주목받은 반계의 개혁사상

그러면 여기서 한 가지 생각해 보아야 할 문제가 있다. 선비를 제외한 양인 농민과 노비가 국가에서 토지를 지급받고 군역을 부담하게 된다면 지배층인 선비 계층의 토지를 경작할 수 있는 노동력은 누가 담당하는가 하는 점이다. 반계는 이 문제를 두고 종래 노비제를 대신할 새로운 생산노동 관계, 즉 용역제(傭役制, 고공제)를 그 방안으로 제시했다.

반계는 조선의 노비제를 폐지할 것을 주장했다. 노비제는 본래 고대 이래 도적이나 범죄자, 전쟁 포로들에게 강제로 일을 시키기 위한 일종의 징벌 제도에 불과한 것으로 본래는 본인 당대에 해당하는 것이었고 후손에게 세습되는 것은 아니었다고 보았다. 그래서 조선에서 노비가 세습되고 있는 것을 비판하면서 죄에 의한 노비의 존재는 인정했지만, 세습에 의한 노비의 존재는 폐지되어야 한다고 주장했다. 나아가 노비를 재산으로 여기거나 도망친 노비를 추쇄하는 과정에서 생기는 각종 문제나 노비의 소유 문제를 둘러싸고 벌어지는 각종 다툼 등 허다한 문제에 대해서도 비판적이었다. 특히 양란 이후 사회·경제적인 변동 속에서 신분 제도 또한 급격히 변동하고 있었고, 이 과정에서 노비 문제도 커다란 사회 문제로 떠오르고 있었다. 양인 농민들이 국가의 각종 부담에서 벗어나기 위해 일부러 타인의 노비가 되거나 또는 세력가들이 가난한 농민들을 자신들의 노비로 삼는 경우가 비일비재했다. 그렇기 때문에 반계는 '지금 노비는 열에 여덟아홉이나 되고 양인은 겨우 열에 한둘뿐이니 만약 노비를 빼면 나라에는

노비종모법

조선시대에는 노비 소생의 신분과 역(役), 그리고 주인을 결정하는 데 모계(母系)를 따르게 했는데, 고려에서는 노비는 노비끼리만 혼인하도록 규정해, 종모법(從母法)을 시행했다. 그러나 현실적으로 양천교혼(良賤交婚)이 생겨나게 되자 부모 중 한쪽만 노비이면 자녀도 노비가 되게 했다. 그러자 고려 후기에는 노비의 숫자가 증가하는 반면에 양인의 숫자가 크게 감소했고, 조선 초에는 군역 부담자의 감소라는 문제가 발생했다. 또 당시에 아내가 양인인 경우보다 남편이 양인인 경우가 많았으므로, 1414년(태종 14) 양인을 증가시키기 위한 방법으로 종부법(從父法)을 시행해 많은 노비 소생을 양인으로 삼았다.

그 뒤 이것에 따른 폐단이 생겨나면서 시행과 폐지에 대한 논의가 거듭되다가, 세조 때는 몇 가지 예외 규정 외에는 다시 부모 중 한쪽이 노비이면 노비가 되도록 해《경국대전》에 법제화되었다. 조선 후기에 이르러 양천교혼이 더욱 확산되었는데 양인의 여자로서 노비의 처가 되는 경우가 많이 발생하면서 문제가 되자, 1669년(현종 10)에 서인(西人)은 양인 증가책의 일환으로 종모법을 도입해 이들을 양인으로 삼았고 남인은 이것에 반대했다. 이 문제는 서인과 남인 정권이 교체될 때마다 반복되다가, 1731년(영조 7)에 최종적으로 양인으로 삼을 것을 확정하였다.

백성이 없게 된다' 면서 노비의 군역 부담을 주장했다. 노비에게도 양인과 마찬가지로 토지를 지급하되 군역을 담당하도록 한다는 것이었다. 물론 이때 양인과 노비라는 신분적 구분에 따라 군역 부담에도 차이를 두고 있는 것은 앞서 살펴보았다.

반계는 노비제를 폐지하거나 개혁할 것을 주장하기는 했지만 급속한 개혁에는 반대했다. 지배층의 이해 관계가 걸려 있기 때문이었다. 즉 선비 계층은 오직 노비에 의해서만 토지 경작을 할 수 있기 때문에 노비 제도를 폐지하기 전에 이것을 대신할 다른 제도를 마련해야 했는데 그래서 점진적인 형태로 노비 제도를 변화시키면서 양반 지배층의 경제적인 불리함을 해결할 수 있는 방안으로 반계는 노비종모법(奴婢從母法)의 시행과 노비를 이용한 토지 경작을 용역제로 전환할 것을 제시했다. 노비종모법을 통해 노비의 자연스런 감소와 더불어 양인의 증가를 도모하고, 용역제를 통해 이런 변화에 맞추어 양반 지배층의 토지 경작 구조를 변화시키는 것이었다. 용역제는 신분적으로는 자유로우나 경제적으로 자신의 토지가 적거나 없는 농민들을 고용해서 농업에 종사시키고 일정한 보수를 지급하는 방식을 일컫는다. 일종의 쌍방 합의에 의한 계약 관계인 셈이었다. 그렇기 때문에 기존 노비제에 비해 생산성을 향상할 수 있었고, 나아가 좀 더 근대적인 형태의 임금 노동 관계로 나아가는 한 단계라고 할 수 있다. 반계의 이런 주장은 당시 나타나고 있던 사회 경제적인 발전과 신분제의 해체에 맞춰 제기된 점에서 역사적 의의가 있다고 할 수 있다.

한편 반계는 새로운 토지 제도의 시행에 발맞추어 농업 인구를 파악하고 농촌 사회의 안정을 꾀하기 위하여 새로운 지방 제도와 호적 제도의 정비를 실시할 것을 구상하였다. 새로운 지방 제도로서 향리제를 운영했는데, 이것은 5가=1통, 10통=1리, 10리=1향(서울은 방) 단위로 편성하고 이것을 지방은 향약(鄕約) 중심으로 서울은 방계(坊契) 중심으로 자치 운영하도록 하는 것이었다. 물론 향약과 방계를 이끌어 가는 중심 계층은 선비 계층이었다. 신분제에 기반한 차별적인 향촌사회 운영을 구상하고 있던 것이다. 향약과 방계를 중심으로 해서 농업을 권장하고 각종 세금을 징수하며 나아가 외부에서 새로이 들어오는 이들과 도망자들을 색출하는 등 주로 치안을 유지하고 인구 이동을 통제하는 데 그 주요한 기능을 담당하도록 했다. 나아가 향촌

사회의 인구를 파악하기 위해 새로운 호적 제도를 실시했다. 종래의 호적 제도와 달리 부세 징수의 근거가 아닌 인구 파악의 수단으로써 반계는 여자도 성명을 밝혀 적도록 했고, 외거노비는 본 주인의 호적과 별도로 작성하게 하는 등 기존 제도와 여러 면에서 달랐다.

한편 반계는 정전제 이념에 입각한 균전제적 토지 분급의 원칙과 동일하게 상공업 진흥책이 추진되어야 한다고 생각했다. 이것을 통해 사농공상(士農工商)이 각기 자신의 직분을 획득하고 기존의 신분 계급 질서를 유지할 수 있을 것이라고 보았기 때문이었다. 상공업 진흥을 위해 반계가 우선 관심을 둔 것은 화폐였다. 물론 당시에도 포(布)와 약간의 미곡(米穀)이 물품 화폐로서 기능을 대신하고 있었다. 그러나 본격적인 화폐 유통은 조선 정부와 지배층의 무본억말(務本抑末)이라는 인식과 당시 사회의 화폐에 대한 불신에서 기인해 부진한 상태였다.

반계는 바람직한 화폐 유통을 위하여 몇 가지 방안을 제시하였다. 우선 화폐의 주조와 유통 등 일체의 화폐 관련 사항을 국가가 공적으로 장악할 것을 주장했다. 임진왜란 이후 개인이나 공공 기관이 동전을 사사로이 주조함으로써 발생하고 있던 여러 가지 비효율성을 제거하기 위함이었다. 두 번째로 반계는 화폐의 규격과 형질 등 제조 표준을 세우고 나아가 화폐의 통화량과 통화 가치의 조절을 국가에서 직접 관리하여 공익을 보장할 것을 주장하였다. 세 번째로는 화폐 사용을 늘리기 위해서 전세(田稅, 토지 세금)을 걷거나 관리들에게 녹봉을 지급할 때 화폐를 일정 이상으로 사용하도록 하는 것이었다. 네 번째로 민간의 유통 경제와 상업 체제를 확대하여 화폐 유통을 늘리고자 했다. 서울 및 지방의 중요 지점은 물론 큰 마을에까지 적당한 규모와 숫자의 상설점포(常設店鋪)를 두어 민간상업을 활성화하고자 했다. 나아가 점포를 개설한 이들에게 일정한 세제상의 혜택을 보장하고자 하였다. 또 점포와 더불어 국가의 교통망 역할을 담당하고 있던 참점(站店)을 민간 상업 활성화의 중심 기지로 삼고 상업과 화폐 유통을 활성화하고자 했다. 그런데 이렇게 점포나 참점을 중요시하면서 동시에 지방 정기 장시는 폐지할 것을 주장했다. 반계는 지방 장시의 긍정적인 측면은 인정하면서도 대개 관리들의 억압과 부패의 온상이 됨을 들어 종래 유통 기구로서 장시의 기능을 참점이나 점포가 대신해야 한다는 의도였다.

정통 양반 사대부 가문에서 태어난 반계 유형원은 당시 일반적인 양반 사대부 가문의 자제들처럼 과거 시험을 거쳐 중앙 관리로 진출해 권력을 차지하지는 않았다. 오히려 향촌사회에 머물면서 두 차례의 전란을 겪은 이후 변화하는 농촌 사회의 현실과 농민들의 생활을 살피고 가난한 농민들을 돕기 위해 다양한 노력을 전개했는데, 이것은 조선 사회의 지배층으로서 당연히 가져야 할 사명이고 생각이었다. 반계는 과거의 전통 속에서 해결 방안을 찾아보고 조선 사회에 맞게 변화를 시도했다. 균전제적인 토지 분급제, 노비제 폐지, 상공업 진흥 등 정치·경제·사회 분야의 다양한 방면에서 자신의 주장을 정리했고, 이것을 《반계수록》으로 편찬했다. 이런 반계의 사상은 실학자들에게 계승되어 조선 사회의 다양한 문제들을 개혁하기 위한 방안으로 논의되었다.

6

최영 _ 황금 보기를 돌같이 한 구국의 장수, 백성의 존경을 한몸에 받다

망국의 책임을 딛고 구국의 영웅으로 남다

최영의 경우, 그의 행적에서 '구국의 영웅'인 동시에 '망국의 책임자'로서 공과 실이 뚜렷하다고 할 수 있다. 남달리 공과 사의 구분이 분명하고 원리 원칙에 충실하려 했다는 점은 당시의 권문세족과는 사뭇 다르게 이해된다. 그렇기 때문에 수많은 정치적 좌절과 영욕 속에서도 일반 백성들에게 오래도록 추앙받지 않았을까. '내가 탐욕하지 않았다면 내 무덤에는 풀이 나지 않을 것'이라고 말했다던 최영의 무덤은 지금도 붉은 흙으로 뒤덮여 있다.

홍영의 : : 숙명여자대학교 연구교수

최영
1316~1388

최영은 공민왕대부터 우왕대에 이르는 시기에 군사적으로나 정치적으로 뛰어난 활동을 한 고려 말의 대표적인 무장이다. 때로는 왜구와의 싸움에서 전설적일 만큼 혁혁한 무공으로 위태로운 국가를 구해내기도 했으며, 탁월한 정치 수단으로 중앙 정계에서 여러 요직을 두루 거치면서 정치 권력의 핵심에 있었다.

최영의 아버지 원직은 사헌규정을 지냈으나 최영의 나이 16세 되던 해에 일찍 죽었다. 문한을 소양으로 하는 가문의 전통을 배경으로 성장하면서 '너는 마땅히 금덩이 보기를 돌과 같이 하라'는 부친의 유훈을 한평생 지켜 나갔다. 그러나 일찍 아버지를 여의고 가세가 빈한하게 되자 과거에 열중하지 못하고, 풍채가 남다르고 힘이 다른 사람보다 뛰어난 점을 이용해 문한적인 관료생활보다는 자신의 적성에 맞는 무재로의 길을 선택한 것으로 보인다. 이삼십 대 초반 유주 유씨를 처로 맞아 아들 담과 딸 하나를 두었는데, 딸은 후일 우왕에게 납비되어 영비가 되었다. 최영은 노쇠한 뒤에도 왜구 토벌을 자청해 전장에 나갔는데, 이런 자신감은 이전의 전투에서 한 번도 패배한 일이 없었기 때문으로 보인다. 최영은 화살이 입술에 박혀 피가 낭자한 상황에서도 불굴의 투지로 왜구와 홍건적의 침입을 물리치는 데 놀라울 정도의 힘을 발휘했다고 전해지고 있다.

황금 보기를 돌같이 하라 — 부친의 유훈을 가슴에 새기다

녹이상제(騄耳霜蹄) 살지게 먹여 시냇물에 씻겨 타고
용천설악(龍泉雪鍔) 들게 갈아 다시 빼어 둘러메고
장부(丈夫)의 위국충절(爲國忠節)을 세워 볼까 하노라

무인다운 기상이 넘쳐나는 이 시에는 주나라 목왕(穆王)이 타던 준마인 녹이와 상제 같은 좋은 말을 잘 먹여서 시냇물에 씻겨 타고, 아주 좋은 보검인 용천검의 날카로운 칼날(雪鍔)을 세워서 둘러메고 무장(武將)의 위의(威儀)를 갖춘다는 내용이 담겨 있다. 즉 좋은 말과 날카로운 칼을 갖춘 다음에 무장은 비로소 싸움터에 나갈 수 있게 된다는 것이다. 또 이런 준비를 갖춘 대장부는 나라를 위한 충절을 세우겠다는 자신의 의지를 밝히고 있다. 최영의 씩씩한 기상이 그대로 배어 나오는 듯하다. 굳세고 용감한 자세로 고려에 충절을 바친 최영의 일생하고 너무도 잘 어울린다. '말을 타고 칼을 둘러메고 나라를 위해 충절을 세우겠다'며 단호하게 선언하고 고려를 위해 싸우다가 장렬하게 죽은 자신의 삶을 한마디로 압축하고 있다.

최영은 73세로 생을 마감할 때까지 공민왕대부터 우왕대에 이르는 시기에 군사적으로나 정치적으로 뛰어난 활동을 한 고려 말의 대표적인 무장으로 잘 알려져 있다. 때로는 왜구와의 싸움에서 전설적일 만큼 혁혁한 무공으로 위태로운 국가를 구해 내기도 했고, 공민왕과 우왕대에는 탁월한 정치 수단으로 중앙 정계에서 여러 요직을 두루 거치면서 정치 권력의 핵심에 있었다. 그렇기 때문에 이성계에게 죽임을 당했던 것이다.

고려 말기의 혼란한 내외 정세 속에서 국가를 위해 온몸을 내던진 최영을 우리는 어려서부터 지금까지 그저 '황금 보기를 돌같이' 하는 청렴한 '구국의 영웅'으로만 배워 왔다.

그런데 《고려사》 열전에서도 알 수 있듯이 그의 행적에 대해서는 상반된 평가가 기술되어 있다.

최영의 나이 16세 때 아버지가 임종할 무렵 훈계하기를, '너는 마땅히 금덩이 보기를 돌과 같이 하라(金如石)'라고 하였다. 최영은 이 말을 마음에 깊이 간직하고 산업(産業)에 일삼지 않았으며 기거하는 집은 초라하였지만 그곳에 만족하고 살았으며 의복과 음식을 검소하게 하여 간혹 식량이 모자랄 때도 있었다. 남이 좋은 말을 타거나 좋은 의복을 입은 것을 보면 개나 돼지만치도 여기지 않았다. 지위는 비록 재상과 장군을

서울 인왕산 국사당의 최영 영정.
(중요 민속 자료 17-17)

겸하고 오랫동안 병권(兵權)을 장악하였으나 뇌물과 청탁을 받지 않았으므로 세상에서 그 청백함을 탄복하였다. 항상 대체를 견지하기에 노력하였으며 조그마한 문제에 구애되지 않았다. 종신토록 장군으로서 군대를 통솔하였지만 그중에서 얼굴을 아는 자는 수십 인에 불과하였다. 전시분망한 중에서도 이따금 시를 읊는 것으로 낙을 삼았다. (……) 그는 성질이 우직하였으며 또 무학(無學)하여 일을 자기 뜻대로 처리하였으며 사람을 죽이고 위엄을 세우기를 좋아하여 죽을 죄에 이른 것도 아닌 데도 많은 경우에 사형을 면하지 못하였다.

— 《고려사》 열전 권26, 최영전

위의 《고려사》 기록은 최영의 성품을 알려 주는 대목이다. 그의

제주시 추자도에 있는 최영의 사당.

청렴성은 너무나 잘 알려진 것이어서 언급할 필요가 없겠으나, 성질이 우직하고 배운 바가 없어서 중죄를 저지르지 않은 사람을 죽였다는 부분은 주목할 만하다. 최영의 청빈한 생활은 가문적 전통과 부친의 유훈에 연유한 것이지만, 많은 사람들을 사형에 처한 것은 정치적 상황에서 비롯되었다고 할 수 있는데, 이런 이유는 어느 지점에서 찾을 수 있을까. 우선 그가 어떤 가문에서 성장했는지 살펴보자.

본관이 철원(鐵原, 東州)인 최영은 개국공신 최준옹을 시조로 하는 가문에서 태어났다. 준옹의 증손으로 문종·선종대 활동한 최석은 평장사(平章事)·판이부사(判吏部事)를 지냈고, 의종 때 중서문하평장사(中書門下平章事)·판병부사(判兵部事)를 역임한 문숙공(文淑公) 최유청은 최영의 5대조이기도 했다. 최석과 최유청이 중앙 정계에서 고위 관인으로 활동함으로써 고려 전기부터 상당한 문벌로 성장하기 시작한 철원 최씨 가문은 최유청의 아들 8형제 가운데 승려가 된 2명을 제외한 증(証)·후(詡)·당(讜)·인(諲)·선(詵)·양(讓) 등 6명이 대부분 의종대부터 관직 생활을 시작해 무인 집권 동안 정치적 어려움 없이 출세를 거듭하면서 가세가 더욱 신장되었다.

그중에서도 최당과 최선 계열의 정치적 현달이 두드러져 그 자손과 사위들이 대거 중앙의 고위직에 포진하는 등 무인 집권기에 고급 관인을 계속 배출함으로써 원 간섭기 이전에 이미 권문세족으로 그 지위를 누리고 있었다. 이에 비해 최영의 직계 고조인 최양은 정8품의 잡직서령(雜織署令)에 머무르고 있으며, 아들 정소(貞紹)는 사서(史書)에서조차 이름이 보이지 않는다. 최양 계열은 최영의 조부인 최옹(崔雍)만이 관직에 진출했을 뿐 이렇다 할 관인을 배출하지 못하고 있어서 무인 집권기 이후 가세가 침체된 것으로 보인다. 최옹이 고종조에 과거에 급제한 뒤 해박한 학식을 바탕으로 당시 태손(太孫)이던 충렬왕의 사보(師傅)로 발탁되는 등 원종·충렬왕대에 고위직을 역임하면서 침체된 가문의 면모가 되살아났다. 최옹은 원중(元中)과 원직(元直) 등 두 아들을 두었는데, 원중은 과거에 합격해 상서(尙書)를 지냈고, 최영의 아버지 원직은 사헌규정(司憲糾正)을 지냈으나 최영의 나이 16세 되던 해에 일찍 죽고 말았다. 최영의 이삼십 대 초반의 행적이 자세하게 기록되어 있지 않아서 구체적인 내용은 알 수 없으나, 이때 유주(儒州, 文化) 유씨를 처로 맞아 아들 담(潭)과 딸 하나를 둔 것으로 보인다. 딸은 후일 우왕에게 납비되어 영비(寧妃)가 되었다.

최영은 이렇게 문한(文翰)을 소양으로 하는 가문의 전통을 배경으로 성장하면서 부친의 유훈을 한평생 지켜 나간 것으로 생각된다. 그러나 일찍 아버지를 여의고 가세가 빈한하게 되자 과거(科擧)에 열중하지 못한 것으로 짐작된다. 때문에 풍채가 남다르고 힘이 다른 사람보다 뛰어난 점을 이용해 문한적인 관료 생활보다는 자신의 적성에 맞는 무재(武才)로의 길을 선택한 것으로 보인다.

타고난 무재를 세상에 선보이다

우왕 2년에 원수(元帥) 박인계(朴仁桂)가 연산(連山)의 개태사(開泰寺)에서 왜적과 싸우다가 패배해 전사하자, 최영이 환갑을 넘긴 나이에도 불구하고 왜구의 토벌을 자청했는데 우왕이 그가 너무 늙었다는 이유로 이것을 만류한 일이 있었다. 우왕과 최영의 대화를 잠시 보자.

최영이 말하기를, '보잘것없는 왜적이 이와 같이 난폭하니 이제 그들을 제압하지 않으면 후에는 더욱 대처하기 어려울 것입니다. 또 만일 다른 장수를 보내면 확실한 승리를 기대할 수 없을 것이며 그 휘하 군사도 평소에 훈련이 되지 않아서 쓸 수가 없습니다. 저로 말하면 비록 몸은 늙었으나 뜻은 꺾이지 않아 종묘와 국가를 편히 하고 왕실을 보위하려는 일념뿐입니다. 곧 휘하를 인솔하고 나가 싸우게 하여 주시기 바랍니다'

홍건적

중국 중원(中原)에서 이민족 왕조인 원(元)의 지배를 타도하고 한(漢)민족 왕조인 명(明)나라 창건의 계기를 만든 종교적 농민 반란(홍건적의 난)이 있었다. 원나라의 사회 계급은 몽고인, 색목인(色目人), 한인(漢人), 남인(南人)으로 분류되는데, 몽고인이 대부분의 권력을 장악했다. 원나라 황제는 라마교를 숭배했는데 라마교 승려들은 많은 제물을 요구해 백성들의 노여움을 샀으며, 모든 백성들에게 추앙받으려 했기에 승려를 멸시하는 자는 사형에 처해졌다. 또한 몽고 귀족들의 전횡이 점점 심각해 조세와 부역 등으로 백성들의 생활은 궁핍해져만 갔다. 이런 배경으로 한족들의 불만이 커져 저항의 무리가 생겨나기 시작했다.

홍건적의 중심 세력은 백련교(白蓮敎)와 미륵교(彌勒敎) 신자들로서 붉은 천조각으로 머리를 싸매어 동지의 표시로 삼았기 때문에 홍건적이라고도 했다. 홍건적의 세력은 일시 화북(華北)·화중(華中) 일대에 미쳤으나, 내부 분열로 통일정권을 이룩하지 못한 채 원군(元軍)에게 쫓기고, 또 만주로 진출한 뒤 두 차례에 걸쳐 고려를 침략했으나 격파당해 괴멸되었다. 그런 중에도 주원장만이 착실하게 지반을 닦아서 천하를 평정하는 데 성공했다.

라고 재삼 요구하자, 우왕이 허락하였다.

― 《고려사》 열전 권26, 최영전

이런 자신감은 이전의 전투에서 한 번도 패배한 일이 없었기 때문으로 보인다. 이렇게 해서 최영은 그 유명한 '홍산전투(鴻山戰鬪)'를 승리로 이끌게 된다. 고려 말의 국내외적 소용돌이 속에서 발생한 홍건적과 왜구의 침입이 없었다면 최영은 우리의 뇌리 속에 이렇게 강하게 남아 있지 않을 것이다.

공민왕 때의 두 차례에 걸친 홍건적의 침입은 엄청난 피해를 낳았다. 공민왕이 하룻밤 사이에 수도 개경을 버리고 멀리 안동(安東)까지 피난을 갈 정도였다. 왜구의 침입 또한 공민왕 때부터 공양왕 때까지 41년 동안 총 506회, 1년 평균 약 12회 이상 있었다. 그중에서도 우왕 3년에는 월 평균 4회 이상인 총 52회에 걸쳐 쳐들어와 백성들을 죽이고 재물을 약탈해 갔다. 때문에 고려 정부는 수도에 빈번히 계엄령을 내리기도 했으며, 위정자들에 의해 수도를 안전한 내지로 옮기자는 논의도 몇 차례 진행됐다. 이렇게 불안한 국내외의 정치 상황 속에서 최영은 남다른 완력으로 35세의 나이에 마침내 자신의 무재를 세상에 선보이게 된다.

그는 처음에 양광도(楊廣道) 도순문사(道巡問使)의 휘하에 있으면서 수차에 걸쳐 왜적을 격퇴하는 무공을 세워 우달치(于達赤)로 발탁돼 중앙 정치 무대에 등장하게 된다. 왕의 측근에서 숙위(宿衛)를 담당하는 우달치로서의 활동은 삼십대 중반인 최영에게 정치적으로 성장할 수 있는 기반이 되었다. 이것은 공민왕 원년 9월에 조일신(趙日新)의 난이 발생했을 때 최영이 안우(安祐), 최원(崔源) 등과 함께 그 당여를 제거하는 데 공을 세움으로써 호군(護軍)으로 임명되었다는 사실을 통해서 알 수 있다. 이렇게 공민왕 측근으로서의 활약은 본격적인 관료 생활에 주요한 발판이 되었다. 3년 뒤인 공민왕 3년에는 대호군(大護軍)에 임명되었는데, 원나라에서 남정군(南征軍)을 요청하자 7월에는 유탁(柳濯), 염제신(廉悌臣) 등 40여 명의 장수와 군사 2,000여 명이 함께 파견되어 고우(高郵)·사주(四州)의 장사성(張士誠)의 난군 토벌에 참여했다. 스물일곱 차례의 전투를 치르는 동안 부상을 입기도 했지만 여러 차례 전공을 세우기도 했다. 귀국한 뒤 공민왕 5년 5월에는

조일신

찬성사 위(瑋)의 아들로 공민왕이 세자 때 원나라에서 시종(侍從)을 하다가 공민왕이 즉위하자 찬성사(贊成事)가 되고, 이듬해 1등 공신에 책록되어 왕에게 정방(政房)의 복구를 요구하고, 도평의녹사(都評議錄事) 김덕린(金德麟) 등 충신들을 제거했다. 삼사판사(三司判事)에 올라 좌리공신(佐理功臣)에 책록되어 국권을 한 손에 쥐고 친원(親元) 세력가인 기철(奇轍)·기원(奇轅) 등을 습격해 살해했으며, 왕이 있는 성입동 이궁을 포위해 직숙위를 죽이고, 왕을 위협해 우정승이 되었다. 그 뒤 정천기(鄭天起)를 좌정승으로 하는 등 그 일당을 요직에 안배했으나 자신의 죄를 감추려고, 동지인 최화상(崔和尙)을 죽이고 함께 거사한 장승량(張升亮) 등 여덟아홉 명을 효수(梟首)한 다음 정천기를 투옥시키고, 스스로 좌정승에 찬화안사공신이 되었다. 그러나 왕의 밀지를 받은 삼사좌사(三司左使) 이인복(李仁復)이 김첨수(金添壽)를 시켜 참살하였다.

공민왕이 반원정책을 단행해 영토 수복을 꾀할 때 서북면병마사(西北面兵馬使) 인당(印璫), 부사 신순(辛珣), 유홍(兪弘), 최부개(崔夫介)와 더불어 압록강 서쪽의 8참을 공략해 원을 내몰고 고려의 옛 영토를 회복하는 데 일익을 담당했다. 공민왕 6년 8월에는 동북면체복사(東北面體覆使)가 되어 각 지역에서 국방을 담당하고 있는 장수들에 대한 감찰 임무를 수행하는 등 공민왕의 측근으로 있으면서 점차 자신의 지위를 신장시켜 나갔다.

공민왕 6년에는 서해(西海)·평양(平壤)·니성(泥城)·강계(江界) 체복사로 있다가 이듬해는 양광 전라도(楊廣全羅道) 왜적체복사(倭賊體覆使)로, 오예포(吾乂浦, 장연)에 침입한 왜구의 배 400여 척을 격파했다. 공민왕 8년 서북면병마사로 임명되었고, 같은 해 12월에는 홍건적 4만 명이 서경(西京, 평양)을 함락시키자, 이방실(李方實) 등과 함께 이들을 물리치고 이듬해 평양윤 겸 서북면순문사가 되었다. 이어 서북면도순찰사(西北面道巡察使)·좌산기상시(左散騎常侍)를 지냈으며, 공민왕 10년에는 홍건적이 재침입해 개경을 점령했는데, 이방실, 안우 등과 함께 이들을 격퇴하고 개경을 수복해 도형벽상공신(圖形壁上功臣) 1등으로 토지와 노비를 하사받고 전리판서(典理判書)에 올랐다. 공민왕 12년 윤3월에 김용(金鏞)이 사주한 흥왕사(興王寺)의 난이 일어나자, 우선(禹蟬), 안우경(安遇慶), 김장수(金長壽)와 함께 군사를 거느리고 달려와 이들을 진압해 진충분의좌명공신(盡忠奮義佐命功臣) 1등이 되었다.

 공민왕이 시해당할 뻔한 흥왕사의 난은 두 차례에 걸친 홍건적 침입 이후 불안한 고려의 정치 현실을 반영하는 것으로, 이때 최영은 고려와 왕실을 안정시킴으로써 그 자신의 향후 정치적 영향력에 상당한 변화의 계기를 마련하게 되었다. 이어 판밀직사사(判密直司使), 평리(評里)를 거쳐 찬성사(贊成事)에 올라 제조정방(提調政房)을 겸해 가장 유력한 권력자로 부상했다. 즉 최영은 흥왕사의 난을 계기로 유탁(柳濯), 오인택(吳仁澤)과 함께 정방의 제조가 되었는데, 시중(侍中)인 유탁을 제치고 실권을 행사할 정도로 공민왕 12년 무렵에는 정국의 중심 인물로 부각된다. 당시 고려의 국내 상황이 군사력을 필요로 하던 때였으므로 관리의 선발에 최영이 참여한 사실은 그의 세력 기반 확대에 좋은 기회가 되었을 것으로 보인다.

 공민왕 12년 5월부터 그 다음 해 정월에 걸쳐 일어난 원의 공민왕 폐위 사건과 원나라에 있던 최유(崔濡)가 덕흥군(德興君)을 왕으로 추대하고 군사 1만 명과 함께 쳐들어오자 도순위사(都巡慰使)에 임명되어 이성계(李成桂) 등과 함께 정주(定州)의 달천(獺川)에서 섬멸했다. 이런 과정에서 최영을 비롯한 무장세력의 입지는 강화되어 갔고, 정치적 지위 또한 확고해졌다. 그러나 무장세력의 실권 확대는 결국 왕권의 약화를 초래하게 되었고, 공민왕은 그런 위기의식 속에서 14년 5월 '이세독립지인(離世獨立之人)'인 신돈(辛旽)을 등용해 권력 구조를 재편하는 새로운 개혁 정치를 시도했다. 이때 최영은 계림윤(鷄林尹)으로 좌천되었는데, 그 뒤에는 훈작(勳爵)을 삭탈당하고 유배되기도 했다.

신돈이 처형된 1371년, 6년 동안의 유배생활을 마치고 문하찬성사(門下贊成事)로 복귀했다. 공민왕 22년에는 육도도순찰사(六道都巡察使)가 되어 군호를 편적해 군함을 만들게 하고 장수와 수령들의 출척을 단행했으며, 70세 이상인 사람들에게 쌀을 거두어 군수에 보충하게 하는 등 군병과 군량의 확보에 주력했다. 공민왕 23년에는 경상도·전라도·양광도 도순문사가 되어 장수의 승급을 독단으로 처리했다고 해 헌사(憲司)의 탄핵을 받아 한 달 만에 관직에서 물러나는 등의 어려움을 겪기도 했지만, 오히려 최영을 논핵한 대사헌 김속명(金續命), 지평 최원유(崔元濡)가 파직·폄출되었고 최영에게는 진충분의선위좌명정란공신(盡忠奮義宣威佐命定亂功臣)의 호가 하사되었다. 이어 7월에는 명나라에서 요구한 탐라의 말 2,000필에 대해 탐라의 목호(牧胡)가 300필만 보내오자, 양광도·전라도·경상도 도통사로서 전권을 위임받아 염흥방(廉興邦), 변안렬(邊安烈), 임견미(林堅味), 나세(羅世) 등과 함께 전함 314척, 군사 2만 5,100명을 거느리고 탐라에 가서 평정하기도 했다. 10월에 탐라 정벌의 주도적 임무를 수행하고 돌아온 최

최영의 홍산대첩을 기념하는 부여 홍산에 자리한 홍산대첩비.

영은 자신이 끝까지 최측근에서 보좌하리라고 생각한 공민왕이 갑자기 죽자, 시신 앞에서 전과를 보고하는 참담한 처지에 놓였다.

우왕 1년에는 판삼사사(判三司事)가 되고, 이듬해 왜구가 삼남 지방을 침입해 원수 박인계(朴仁桂)가 연산(連山)에서 참패하자 고령임에도 불구하고 출정을 자원해 운봉(雲峯)의 홍산전투(鴻山戰鬪)에서 적을 섬멸했다. 그 공으로 시중에 임명되었으나 사양하고 철원부원군(鐵原府院君)에 봉해졌다. 6년에는 육도도통사(六道都統使)·삼사좌사가 되어 서강(西江)에 침입한 왜구를 격퇴했고, 교동과 강화의 호강자(豪强者)가 점유한 사전(私田)을 혁파해 군량에 보충하도록 하는 한편, 노약자들은 내지로 옮기고 장정을 머물게 해 농사를 짓게 했다. 또 원수의 휘하 군사를 각기 10명씩 내게 하고, 성중애마(成衆愛馬)·관사(館司)·창고에 속한 자를 군사로 삼아 강화를 지키게 하는 등 왜구 방비에도 힘썼다. 1378년 다시 왜구가 승천부(昇天府, 지금의 풍덕)에 쳐들어오자 이성계 등과 출정해 무찌르고 안사공신(安社功臣)의 호를 받았다. 9년에는 해도도통사(海道都統使)가 되었는데, 왜구의 침입 때문에 수도를 철원(鐵原)으로 옮기자는 논의가 일자 천도(遷都)가 백성들과 농사에 해로우며, 또 내성(內城)을 쌓아서 대비하면 될 것이라 해서 이것을 철회시켰다. 또한 승도(僧徒)를 모집해 전함 130여 척을 만들어 수군(水軍)의 전력 강화에 노력했는데, 이것이 이후 수군의 해상 활동에 튼튼한 기초가 되기도 했다.

이처럼 최영은 일생 동안 대부분 군사 활동에 치중했다. 정치하고는 전혀 다른 방식인 전투에서 한 번도 패배한 적이 없는 야전 군인으로서 적어도 이성계가 중앙의 정치 일선에 부각되기 전까지, 최영은 고려 백성들 사이에서 패배를 모르는 최고의 영웅으로 인식되었다.

백성에게 폐를 끼치는 관리는 매질로 다스리다

《고려사》열전은 최영이 죽던 날 경성 사람들이 시장을 파하고 어디서나 소문을 듣고는 거리의 어린이나 시골 부녀자 할 것 없이 모두 눈물을 흘렸다고 전한다. 또 그의 시체가 길가에 놓여 있었는데 오고 가는 사람이 말에서 내렸다고 적혀 있다. 이런 내용에서 짐작해 본다면, 최영은 분명 일반민에게 흠모와 존경의 대상이었을 것이다. 그가 일반민에게 이렇게 존경의 대상이 될 수 있던 까닭은 어디에 있을까.

《고려사》등의 사료는 최영이 불법적인 대토지를 소유했거나 부를 축적한 여타의 권문세족이나 권세가들과는 달랐던 것으로 기록하고 있다. 토지나 조세를 포함한 국가의 경제 문제 앞에서는 결벽증에 가까울 정도로 공사의 구분이 철저했다. 우왕 5년에 마경수(馬坰秀)라는 사람이 아들과 함께 양민을 제멋대로 점탈 은익한 사실이 발각되어 옥에 갇힌 일이 있었는데, 때마침 재변이 일어나서 죄가 가벼운 죄수들을 석방하려고 재조사가 이루어지고 있었다. 이인임을 비롯한 여러 재상들이 마경수를 석방하려 하자, 최영이 "마경수는 양인을 노비로 삼은 것이 30명이나 되고 토지를 점탈한 것은 1백 경(頃) 이상이며 지방에서 감행한 위선적 행동을 이루 헤아릴 수 없는데 어찌 감히 살기를 바라겠는가" 하고, 규정된 법을 따르도록 항의해 이인임을 무색하게 만들었다고 한다. 결국 최영의 출근 투쟁으로 마경수는 매 107대를 맞고 아들 둘과 함께 귀양 가다가 도중에 죽고 말았다.

최영의 이런 행동은 우리에게 시사하는 바가 매우 크다. 몇 해 전 '유전무죄(有錢無罪)'라는 말이 유행어로 세간에 회자되기도 했었다. 또 1998년 국가를 경제적 파산 상태로 몰고 갔던 IMF 원인의 제공자인 '몸통론과 깃털론'의 대상들이 하나둘씩 정치권으로 거리낌 없이 돌아오는 것을 보면, 오히려 최영에게 잘못 걸려든 마경수의 처지가 안타깝다고 해야 할까.

또한 최영은 지금으로 치면 국무회의 격인 도당(都堂)에 나아가 모든 재상들에게 민의 재산을 강탈하고 토지를 겸병하는 해독을 역설하고, 다 같이 금지할 것을 약속한 서약서에 일제히 서명을 받아 내기도 했다. 그들이 얼마나 서약을 지켰는지는 모르겠으나 지금의 상황과 비교해도 그리 다르진 않은 것 같다. 요즘도 자신의 지위를 이용해 뇌물을 받은 부정한 공직자 때문에 때때로 자정(自淨) 결의대회를 한다거나, 부패공무원 처벌법을 제정도 하고, 고위 공무원의 경우는 재산 보유 현황도 매년 한 번씩 변동 상황을 떠들썩하게 공개하기도 한다. 때로는 기관장이 직접 나서서 독려해 보지만 실효가 있을 것이라 믿는 국민은 하나도 없다.

그런데 최영은 일반민의 어려운 경제 사정을 감안해 그들의 입장에서 정책을 입안하려고 했었다.

> 경성에 물가가 폭등하여 상인들이 털끝만 한 이득을 다투는 형편이었다. 최영이 이것을 증오하여 일체 매매하는 물품은 우선 경시서(京市署)에서 가격을 사정하여 세를 받은 표식(稅印)이 있은 연후에 비로소 매매할 수 있게 하였다. 그리고 그 표식이 없는 자는 쇠갈고리로 등심을 뽑아 죽인다고 공포하고 커다란 쇠갈고리를 시장에 내어 걸었다. 시인(市人)들이 이것을 보고 벌벌 떨었다. 그러나 일이 끝내는 시행되지는 않았다.
>
> ―《고려사》 열전 권113, 최영전

위의 기록은 상인들의 농간으로 물가가 폭등하게 되자 표식이 없는 상인은 '쇠갈고리로 등심을 뽑아 죽이겠다'라고 으름장을 놓는 대목이다. 끝내 시행되지는 않았다고는 하지만, 시행 여부를 떠나 당시의 경제 상황을 짐작할 수 있다. 상인들의 경우 최대한의 이익을 남기는 것이 목적이겠지만 국가의 입장에서는 물가 폭등은 곧 민의 경제적 몰락을 의미한다. 따라서 상인들에게 일정한 세금을 납부케 해 국가 세입을 증대하는 한편, 일정한 가격을 정하고 판매케 하도록 한 의도는 궁극적으로 민의 생계 안정을 꾀하려 한 것이었다. 재벌들이 국가 경제를 한 손에 좌지하는 현재의 우리 실정에서 한 번쯤 음미해 볼 만한 것으로 생각된다.

이외에도 최영은 일반민의 호응을 얻을 만한 여러 행동들을 취했다. 호강자(豪强者)가 점유한 교동(喬同)과 강화(江華)의 토지를 군량에 보충하는 것으로 한다던가, 우왕이 최영에게 토지를 여러 차례 내려 주었음에도 아버지 분묘 근처인 고양현(高陽縣)의 전토 230결과 장원정(長源亭, 개경 서강 병악의 남쪽)의 전토 50결만을 받았다. 또 국가재정의 궁핍으로 군량이 부족하자 두 번에 걸쳐 자신의 미(米) 200석(碩)과 곡(穀) 80석을 내어 군량에 보충케 한 일, 우왕이 서해도(西海道)로 사냥을 나가자 지방관이었던 지봉주사(知鳳州事) 유반(柳蟠)이 왕을 접대한다고 핑계를 대고 백성들에게서 많은 재물을 거두자, 백성들에게 폐해를 끼쳤다는 이유로 매질한 일도 있었다.

이렇게 보면 최영은 부친의 유훈을 철저하게 지키고, 무소유의 삶을 살아간 인물로 보일 수 있다. 그러나 그 자신은 부친을 일찍 여읜 까닭에 불우한 청장년 시절을 보냈을망정, 공민왕과 우왕대 여러 차례의 공신 책봉으로 수많은 전토와 일정 정도의 노비를 소유할 정도로 기본적인 경제력을 갖추고 있었다. 때문에 사재를 털어 군량에 보충할 여유가 있었다. 만일 부친의 유훈과 무공으로 공신에 책봉되어 받은 토지가 없었다면, 그도 사리사욕에 눈이 먼 다른 권세가와 마찬가지로 '돌 보기를 황금같이' 여기는 인물이 되었을까.

그대와 함께 사방을 평정하기를

고려 말 우왕대는 고려 후기의 제반 질서들이 붕괴되는 시기였다. 정치적으로 신돈의 제거와 공민왕의 죽음으로 공민왕대 개혁이 좌절되면서 관료 집단의 정치적 분열이 가속화되었다. 특히 신돈의 제거와 무장세력(武將勢力)의 대두는 정치 세력 간의 재편을 초래했고, 이 지점에서 정권에서 소외되어 있던 권문세족이 다시 등장할 수 있는 발판이 마련된 셈이었다. 더욱이 이인임 등 권문세족이 우왕을 옹립하고 권력을 장악함으로써 그런 분위기는 더욱 고조되어 갔다. 이런 모습은 우왕대 초반 이인임을 비롯해 경복흥(慶復興), 지윤(池奫), 양백연(楊伯淵), 목인길(睦仁吉), 최영(崔瑩) 등 공민왕대 이래 활동하던 세족과 무장(武將)들이 대부분 권력의 상층부를 이루고 있는 데서 알 수 있다.

　이것은 신돈의 등장과 함께 그동안 정권에서 소외된 사람들이 다시 정치 일선으로 복귀한 것을 의미하며, 또한 이들의 배제를 전제로 실시되었던 신돈의 개혁을 근본적으로 부정하는 것을 뜻한다. 그러자 우왕대에는 권문세족에 의한 토지 탈점 현상이 다시 일어나 공민왕대보다도 더 심한 폐해가 발생했다. 또한 정치권력의 집중화에 따른 인사권(人事權)의 문란 역시 이 시기의 정치적 난맥상을 보여 주는 좋은 예다.

　인사권의 문란은 경복흥, 이인임, 지윤 등 3인이 정방제조(政房提調)를 맡으면서 특히 심하게 나타났다. 첨설직(添設職)과 재추직(宰樞職)의 남설(濫設)이 그 대표적인 예라 할 수 있는데, 첨설직은 공민왕 3년 이후 군공자(軍功者)를 포상(襃賞)하려고 설치한 것인데도 불구하고 종군(從軍)하지 않은 자에게까지 포상해 그 수를 헤아릴 수 없을 정도에 이르렀다. 또한 재추직의 경우 본래 12명에 국한되었으나, 50~59명에 이를 정도로 인원을 확대해 자신들의 당여(黨與)를 부식하고, 대간(臺諫)·장수(將帥)·수령직(守令職)을 친한 연고자에게 임명하거나, 시정(市井)·공장(工匠)에게까지도 벼슬을 내리는 등 결국 '연호정(煙戶政)'이라고 불릴 정도로 그 폐단이 심각했다.

　이런 흐름 속에 공민왕대 뛰어난 무공을 바탕으로 군 최고통수권자로서 위치를 확고히 다진 최영은 우왕 즉위 이후 이인임의 집권이 본격화되면서 정치 활동에 일정한 변화를 겪게 되었다. 나이 어린 우왕의 대리 자격으로 이인임이 권력을 천단하면서 이인임과 최영의 관계는 정국 운영에 중요한 변수로 작용하게 된 것이다. 우왕대 초반에는 최영이 이인임의 정국 운영에 적극 협조함으로써 권력을 나눠 갖고 있었다. 우왕 원년, 판삼사사(判三司事)로 임명된 것도 이인임과 더불어 권력 구조의 핵심에 위치하면서 이인임의 집권 체제 안정화에 협조함으로써 가능한 것이었다.

　최영은 우왕대 빈번하게 발생한 왜구의 침입을 격퇴하는 등의 군사 활동에 주력하면서 자신의 정치적 비중을 높여 갔다. 더욱이 우왕

3년과 5년에 당여의 형태로 존재하던 대표적 무장인 지윤(池奫) 일파, 양백연(楊伯淵) 일파, 우왕의 유모 장씨(張氏) 일파, 목인길(睦仁吉), 경복흥(慶復興) 일파 등 이인임의 반대파 숙청 작업에 적극적으로 참여함으로써 그의 정치적 기반은 더욱 확고해질 수 있었다.

그러나 이인임은 최영의 무력적 기반으로 권력 장악과 정국 주도가 가능했음에도 불구하고 오히려 우왕 8년 한양 천도를 계기로 자신의 자파 세력인 임견미(林堅味), 염흥방(廉興邦), 도길부(都吉敷) 등이 정국을 주도하는 움직임을 보이자, 최영과 정치적 견해를 달리한 것으로 보인다. 예컨대 우왕 7년 2월 수시중(守侍中)의 자리에 있던 최영이 8년 6월에는 이인임과 함께 영문하부사(領門下府事), 영삼사사(領三司事)에 각기 임명되었다는 사실은 임견미의 실권 장악과 최영의 영향력 축소를 보여 준다. 또한 우왕 9년 3월에 이인임 세력인 임견미(林堅味), 도길부(都吉敷), 이존성(李存成) 3인의 정방제조(政房提調) 임명과 이에 따른 인사권의 전횡은 이인임 정권의 무력적 기반이라고 할 수 있는 최영의 반발을 야기시키기에 충분했다. 특히 이인임이 정계 일선에서 물러나는 것을 계기로 임견미, 염흥방의 권력 천단이 "수정목공문(水精木公文)"이니, "철문어부윤(鐵文魚府尹)"이니 하여 민들의 기롱을 받을 정도로 토지 탈점과 인사권의 문란을 자행하고 있었다.

우왕대 후반 이인임에서 임견미로의 권력 이동은 그 권한 행사에 가장 걸림돌인 최영을 권력에서 배제시키는 것을 전제로 한 것이어서 임견미와 최영의 반목은 점차 누적되어 갔다. 그리고 최영은 우왕 10년, 병을 핑계로 도통사(都統使)의 직위에서 물러나 병권을 내놓겠다고 할 정도로 불만이 쌓여갔다. 그러나 최영은 독자 세력을 형성하지 못한 자신의 정치적 한계로 말미암아 이들을 제어할 수 있는 처지가 못되었다. 자신의 입지를 강화하기 위해서는 오히려 최고 권위의 상징인 왕권과 결탁하는 것만이 유일한 방법이었다. 최영은 우왕의 친집의사 표명과 우왕의 측근 세력이라고 할 수 있는 이림(李琳)과 폐행(嬖幸), 반복해(潘福海) 등의 정치적 진출이 가능해지자, 이인임에게 정국운영의 공조자로 참여한다는 것은 자신의 정치적 위기를 초래할 가능성이 있다고 내다보았을 것이다. 이것 때문에 우왕의 입장을 적극 지지하는 쪽으로 정치적 방향을 바꾼 것으로 보인다.

최영이 우왕의 방탕한 행동을 바로잡기 위해 여러 차례 간언(諫言)을 통해 노력한 것은 이것을 반증하는 것이라고 할 수 있다. 더구나 우왕에게 있어서도 왕권의 약화를 초래한 임견미 일파의 권력 편중에 대한 부정적인 인식을 갖고 있음을 고려할 때 우왕과 최영의 정치적 결합은 자연스러운 것이었다.

우왕 11년 이후 우왕이 임견미 일파에 대한 불만을 노골적으로 드러내고 있는 점은 최영과의 이런 관계를 배경으로 한 것으로 보인다. 우왕이 최영에게 활을 주면서 '내가 바라는 바는 그대와 함께 사방을 평정하는 것'이라는 발언과 우왕 13년 12월 도당으로 하여금 국가와 왕실의 토지나 그에 속한 노비나 일반 백성을 침탈한 사람들을 조사하도록 한 조치는 그런 관계를 반영하는 것이다.

조반의 옥

우왕 10년 9월 왕은 임견미를 파면하고 대신 이성림을 수시중으로 앉혔다. 그러나 임견미는 두 달 만에 다시 시중의 자리에 복귀했다. 그러자 왕은 최영에 의지해 임견미를 제거하려 했는데 우왕이 임견미의 권력 독점에 제동을 걸기 시작했을 때, 임견미는 당여인 염흥방의 가노 이광이 주인의 권세를 이용해 전 밀직부사 조반의 토지를 불법적으로 빼앗은 일이 발생했다. '조반의 옥'으로도 불리는 이 조반 사건을 계기로 염흥방은 물론, 그를 비호하고 있던 임견미와 이인임까지도 정치 일선에서 완전히 제거되고 대신 그 자리를 최영이 차지하게 되었다.

우왕대 이인임을 중심으로 정권에 참여한 권신들은 사회적 모순에 대한 개혁 의지는커녕 모순을 심화시키는 장본인으로서 각종 실정을 낳았으므로 그런 정치·경제 상태에 불만을 느끼고 사전구폐를 절감하고 있던 무장 세력에 의해 무너졌다고 하겠다.

누구와 더불어 정치를 논할 것인가

고려 말의 사회는 사회 경제적 모순과 잦은 왜구의 침략, 천재지변, 물가 앙등, 우왕의 방탕 등 백성들이 견디기 힘든 상황이었다. 따라서 이 시기 백성들의 반발은 소극적인 유망의 형태에서 집단적 움직임에 이르기까지 다양하게 일어나고 있었다. 이런 정치적 불안정 속에서 우왕 13년 12월 토지를 둘러싼 분쟁이 정치적인 사건으로 비화된 조반(趙胖)의 옥에서 출발한 이인임 이하 임견미 일파의 제거는 우왕 14년 3월에 가서야 마무리되었지만, 그 여파는 매우 큰 것이었다. 더구나 이 사건으로 재추급(宰樞級) 이상이 58명이나 연루되어 사형되었거나 유배를 당했다는 것은 정국 운영의 공백을 의미하는 것이었다.

물론 이인임 세력의 제거는 기본적으로 권문세족 내부에서 정치

권력을 둘러싸고 일어난 정쟁의 성격을 지닌 것이나, 다른 한편으로는 이인임 등에 의해서 야기된 사회적 혼란과 그에 대한 신흥유신의 비판, 그리고 백성의 동요에 따른 국가적 위기 상황을 해결하기 위한 것이었다.

최영은 이인임 세력의 제거 과정에서 동북면의 군사를 기반으로 활동하고 있던 신흥 무장 이성계의 협조 아래 우왕 8년 이후 권력을 독점한 임견미·염흥방 일파를 대거 숙청함으로써 정국의 최고 실권자로 자리하게 되었다. 이로써 우왕 14년 1월 이후 정국은 최영과 이성계에 의해 주도되었다. 이후 최영은 전민변정도감(田民辨整都監)을 설치해 임견미 일파가 불법적으로 점유한 토지를 몰수함으로써 이들의 비행으로 야기된 민심을 수습하는 등 정국을 안정시키려고 여러 조처를 취하기도 했다. 다른 한편으로는 자파세력을 발탁해 정국 전면에 배치함으로써 자신의 권력 기반을 공고히 다져 나갔다. 그러나 우왕 14년 1월의 인사 임명에서 최영이 우왕의 측근을 중심으로 정국을 주도하려고 했다는 사실은 이성계와의 대립을 불가피하게 했다. 정국 주도권을 둘러싸고 반목이 노출되는 가운데, 명의 철령위(鐵嶺衛) 설치 문제가 새로운 정국의 현안으로 등장하면서 그에 대한 대처 방식에서 최영과 이성계가 입장을 서로 달리하게 되자, 정국은 더욱 초긴장 상태에 빠져든 것이다.

특히 임견미 일파의 숙청 과정에서 나타난 정국의 불안정을 수습하고 안정적인 권력 기반을 확보해야 하는 최영으로서는 철령위 설치 문제로 야기된 명나라와의 외교 관계를 어떤 방식으로 풀어야 할 것

철령위 문제

고려를 지배하던 원(元)나라의 세력이 기울고 1368년 명나라가 일어나, 명나라 태조(太祖)가 철령 이북의 땅은 원래 원나라에 속하던 땅이라며 명에 귀속해 철령위를 설치하고 병참군영으로 만들려고 한다는 사실이, 명나라에 다녀온 설장수(偰長壽)를 통해 알려졌다. 그러자 고려는 이곳에 성을 신축해 대비하고, 박의중(朴宜中)을 다시 명나라에 보내 철령 이북의 문천, 고원, 영흥, 함흥은 물론 공험진까지 고려의 영토라 밝히고 철령위 설치를 중지해 줄 것을 요구했다. 또한 조정에서는 최영이 중신회의를 열어 타개책을 논의한 결과 명나라와 화의하자는 쪽으로 의견이 기울었다.

그러나 1388년(우왕 14) 3월 명나라의 후군도독부(後軍都督府)에서 왕득명(王得明)을 고려에 보내 랴오둥(遼東)에서 철령에 이르기까지 70여 개의 병참을 두는 철령위 설치를 정식으로 통고해 오자, 급기야 우왕은 요동 정벌을 명하게 되었다. 이에 최영을 팔도도통사(八道都統使), 이성계를 우군(右軍)도통사, 조민수를 좌군(左軍)도통사로 삼고 3만 8천여 군사로 평양을 출발했다. 결국 이성계의 회군으로 요동 정벌은 실현되지 않았으나, 철령 이북도 명나라에 귀속되지는 않았다.

인가에 대한 어려운 국면에 처하게 되었다. 최영은 우왕의 동의를 얻어 명나라와의 화친을 통한 문제 해결보다는 요동정벌을 통해 정국을 '전시 체제(戰時體制)'로 몰아가는 방법을 택했다. 이처럼 그가 강력하게 화친을 통한 문제 해결보다는 요동을 정벌해 명의 주장을 저지시키는 방법을 선택한 것은 이성계와의 갈등을 타개하고 자신의 정치적 위상을 공고히 하려는 데 있다고 판단된다. 이런 최영의 요동정벌 계획은 그것에 반대하는 이자송(李子松)을 죽이고, 이숭인(李崇仁), 하륜(河崙), 박가흥(朴可興) 등을 유배 보내는 것에서 잘 알 수 있다.

결국 우왕의 승인 아래 조민수와 이성계를 좌·우군 도통사로 임명해 요동 공략군을 편성하면서 요동정벌은 실행에 옮겨지게 되었다.

그러나 최영의 주도 아래 편성된 요동정벌군은 이성계에 의해 위화도 회군이 단행됨으로서 계획은 무산되고 최영과 우왕은 몰락의 길로 빠져들었다. 결국 위화도 회군을 성공으로 이끈 이성계는 요동정벌의 책임을 물어 최영을 유배하고 우왕을 폐위하는 쪽으로 귀결된 것이다. 그런데 최영은 평소에 젊은 이성계의 야망을 읽고 있던 것은 아니었을까. 최영이 군대 지휘 문제로 자신이 군대를 이끌고 요동으로 가기를 원하자, 항상 가까이에서 자신을 보좌하는 최영이 자리를 비우는 것을 염려한 우왕은 최영을 이렇게 말렸다.

> 전체 부대가 평양을 출발하려고 할 때 최영이 말하기를, '이제 대군이 행군 도중에서 만일 열흘이나 한 달을 끌게 되면 큰일을 성취할 수 없으니, 청컨대 제가 가서 단속하겠습니다' 라고 하자, 우가 말하기를, '그대가 가면 누구와 함께 정치를 할 것인가' 라고 하였다. (……) 최영이 재삼 청하기를, '전하는 서울로 돌아가고 늙은 제가 여기에 있으면서 전체 군대를 지휘하겠습니다' 라고 말하니, 우가 말하기를, '선왕(先王, 공민왕)이 피해를 당한 것은 그대가 남방(탐라)으로 토벌하러 갔었기 때문이었다. 내 어찌 하루도 그대와 떨어져 있을 수 있겠는가' 하였다.
> —《고려사》열전 권113, 최영전

만약 최영이 우왕의 반대를 무릅쓰고서라도 최전방에서 군사를 지휘했다면 위화도 회군은 일어나지도 않았을 것이고, 오히려 요동정벌은 가능하지 않았을까. 고려 멸망의 갈림길에서 우왕의 그릇된 판단도 문제로 지적될 수 있겠지만, 우왕의 강요로 서경에 머무른 정벌군의 책임자이자 감독자인 최영을 어찌 봐야 할 것인가. 실패할지도 모를 요동정벌의 함정으로 내몰아 버림으로써 자신의 정치적 목적을 달성하고자 한 것은 아니었을까. 그러나 자신이 쳐 놓은 덧에 스스로 걸려든 최영의 운명은 고려의 마지막을 예고하는 서막이었다.

공은 온 나라를 덮고 죄는 천하에 가득

공민왕대부터 위기의 순간마다 전공를 세워 출세의 가도를 달리던 최영은 우왕 14년 정월 임견미·염흥방 일파를 신흥 무장으로 신망을 얻고 있던 이성계의 협조를 얻어 숙청함으로써 정국의 최고 실권자로 자리할 수 있었다. 그러나 권력 배분을 둘러싸고 이성계와 마찰을 빚으면서 정국이 불안정하게 되었고, 그런 상황에서 명나라가 철령위(鐵嶺衛) 설치를 통보해 오자 대내외적으로 어려움을 겪게 되었다. 최영은 확실성이 없는 요동정벌을 감행해 정국을 전시 체제로 이끌어 감으로써 이것을 타개해보려고 했으나 끝내 이성계가 위화도 회군을 단행함으로써 최영의 집권은 몇 달만에 막을 내리게 되었다. 이성계의 군이 개경에 난입하자 서경에서 서둘러 돌아온 최영은 소수의 군사로 이에 맞서 싸우다 체포되어 고봉(高峰, 지금의 고양)에 유배되었다가 충주로 옮겨진 뒤, 다시 합포(合浦, 지금의 마산)에 옮겨졌다가 공료죄(攻

遼罪)로 개경에 압송되어 참형을 당했다.

훗날 이성계와 함께 개혁파 신흥 유신의 일원으로 조선 건국에 참여한 간대부(諫大夫) 윤소종(尹紹宗)이 최영을 평가하기를, "공은 이 나라를 덮었고 죄는 천하에 가득하다"라고 하여 세상은 이것을 두고 명언이라고 했다던가. 사실 최영은 화살이 입술에 박혀 피가 낭자한 상황에서도 불굴의 투지로 왜구와 홍건적의 침입을 물리치는 데 놀라울 정도의 힘을 발휘했다. 이런 무공은 조선 초기《고려사》편찬자들도 인정하고 있는데, 왜 죄는 천하에 가득하다고 했을까.

우선 공료죄를 하나의 원인으로 꼽을 수 있다. 한동안 난항을 거듭하던 고려와 명의 관계가 우왕 11년 9월, 명의 사신 파견으로 일단락된 듯했으나 이후에도 명의 경직된 태도는 좀처럼 누그러지지 않았다. 더욱이 명나라에 사신으로 파견된 설장수가 철령 이북의 땅은 본래 원나라에 속하던 곳이므로 이제 명이 회수하겠다는 철령위 설치에 대한 황제의 친서를 전달하면서 고려는 명과의 심각한 위기 국면에 처하게 되었다. 이렇게 되자 최영은 정요위(定遼衛)를 공격할 것인지 화친을 청할 것인지의 가부를 여러 재상들과 의논했는데, 일단 강경 수단보다는 강화를 통해 교섭을 보는 것으로 의견이 모아졌다. 그리하여 우왕 14년 2월, 밀직제학(密直提學) 박의중을 명에 보내어 철령 이북 지역이 본래 고려의 땅이었음을 설명하고 그 지역을 돌려줄 것을 간곡히 요청했다. 그럼에도 최영과 우왕은 조정의 의견을 무시한 채 은밀하게 요동정벌을 추진했다. 그런 행동에는 명의 과도한 요구가 언제까지나 지속될지 모른다는 불만의 표출하는 것과 요동 정벌을 감행함으로써 정국 운영에 걸림돌인 이성계를 제거할 정치적 목적이 다분했다. 이런 이유 때문에 명을 사대해야 한다는 견해를 표명한 하륜을 비롯한 신흥 유신들은 요동 공격에 대해 반대 입장을 취하게 되었다. 신흥 유신의 대표격인 이색(李穡)의 경우도 찬성을 하고 나서 자제들에게 "오늘날 내가 너희들을 위해 의리에 거스르는 논의를 했다"라고 했다니 이것을 바탕으로 당시의 분위기를 파악해 볼 수 있을 것이다.

또 다른 이유는 최영이 지독하다고 할 만큼 원리 원칙에 충실했던 데서 이유를 찾을 수 있겠다. 전투에 승리하기 위해서는 상명하복이 절대적으로 중시되지만, 도망치는 병사의 목을 베어 죽이고, 비장(裨將)을 죽여 주춤대는 군대를 돌진케 했다던가, 말과 소를 잡아먹은 군사의 목을 베거나 팔을 잘라 시범을 보인 등의 행동은 다소 최영의 인간적인 면모를 파악하기에는 어려움이 있다. 한번은 최영의 조카사위 판사(判事) 안덕린(安德麟)이 함부로 사람을 죽이고 헌사(憲司)로 압송되어 오자, 도당에서 판순위부사(判巡衛府事)로 있는 최영과의 관계를 고려해 죄를 가볍게 하려고 순위부에 보낸 일이 있다. 최영은 "그가 무고한 사람을 죽였으므로 헌사에서 처단할 일을 어찌 문초를 추진할 수 있겠는가" 하고 헌사로 되돌려 버린 일화에서는 최영의 정치적 태도를 엿볼 수 있다. 최영은 공적인 측면, 특히 전투의 승리를 위해서는 피도 눈물도 없을 만큼 철저했던 것으로 이해된다. 또한 정치적 목적 아래 행해진 수많은 정치적 인물들을 제거하는 데 앞장선 최영을 두고, 비록 뇌물과 청탁을 받지 않았다고 하더라도 후일 온당한 평가를 받기에는 어려움이 뒤따랐을 것으로 보인다. 이런 성격 탓인지, 개혁파 신흥 유신의 대다수가 지지했던 이성계와 비교할 때 최영에게는 이렇다 할 추종 세력이 없었다.

내가 탐욕하지 않았다면 내 무덤에는 풀이 나지 않을 것이다

"황금을 보기를 돌같이 하라"는 부친의 유훈을 종신토록 명심해, 명리(名利)를 돌보지 않고 청렴하게 산 최영의 묘는 경기도 고양시에 있다. 그런데 무슨 원한이 많아서인지 풀이 나지 않아 그의 묘는 '적분(赤墳)'이라 불린다. 이것에 빗대어 '최씨가 앉은 자리에는 풀도 나지 않는다'는 말이 생겨나기도 했다. 그러나 무속 신앙에서 최영 장군은 지금까지도 최고의 장군신으로 숭배의 대상이 되고 있고, 매년 음력 5월 단옷날이면 부산 자성대(子城臺)에 있는 사당에서는 '최영장군제'가 열린다.

지난 한 시대의 인물을 평가한다는 것은 매우 어려운 일이다. 시대적 상황과 개인이 처한 처지를 충분히 이해하지 않고서는 정당한 평가를 내리기 어려운 까닭이다. 그러나 최영의 경우, 그의 행적에서 '구국의 영웅'인 동시에 '망국의 책임자'로서 공(功)과 실(失)이 뚜렷하다고 할 수 있다. 남달리 공과 사의 구분이 분명하고 원리 원칙에 충실하려 했다는 점은 당시의 권문세족과는 사뭇 다르게 이해된다. 그

고양시 대자동에 위치한 최영의 묘.

렇기 때문에 수많은 정치적 좌절과 영욕 속에서도 일반 백성들에게 오래도록 추앙받지 않았을까. '내가 탐욕하지 않았다면 내 무덤에는 풀이 나지 않을 것'이라고 말했다던 최영의 무덤은 지금도 붉은 흙으로 뒤덮여 있다. 비록 조선이 건국한 뒤 60년 만에 이성계에 의해서 '무민(武愍)'이라는 시호가 내려지고 조선 건국에 참여한 사람들이 만든 '충역(忠逆)'의 논리에 따라 멸망한 고려의 마지막 충신으로 칭송받기보다, 오히려 망국의 책임자로 자처하면서 '황금을 돌같이' 여긴 청렴한 늙은 장수로 기억되기를 바란 것은 아닐까. 그래서 우리에게 오직 '구국의 영웅'으로만 남겨진 것은 아닐까 생각해 본다.

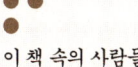
이 책 속의 사람들

가즈시게, 우가키(宇垣一成) 28
강위 163
건준 62
경복흥 247
고찬혁 48
권동진 82
기산도 119
김구 31, 37, 39~40, 134
김규식 93
김달하 131, 145
김대락 124
김동삼 126
김사설 122
김산 126

김상옥 78
김성무 121
김성수 46
김세렴 199, 201
김속명 241
김원권 48
김원봉 44, 48, 126
김장수 240
김종필 55
김좌진 133
김준엽 24
김택영 163, 189
김홍집 147, 185
나세 241

나인영 119
노덕술 96
노무현 74
류사쿠, 엔도(遠藤柳作) 40
마경수 244
목인길 247
민영주 184
민영환 119, 158
박정희 21, 65, 108
박준규 52
백관수 82
백정기 133, 135, 137, 145
변안렬 241
서상락 126
서재필 31~32
성재구 122
송진우 39~40, 46
신기선 165
신돈 241
신석우 82
신순 239
신응균 54
신익희 39, 43
신채호 82, 130
신철휴 126

아키, 아리요시(有吉明) 145
안우 238, 249
안우경 240
안재홍 40~41, 46
안창호 31, 33, 35, 122
양백연 247
어윤중 175
엄순봉 137
엄요섭 48
엄항섭 135
여운형 40, 93, 128
여준 110~120, 126
연충렬 135
염제신 238
염흥방 241, 248
오인택 240
오치휘 134
왕아초 133
왕재일 83
원심창 135, 145
원저, 앤드류(Andrew Albert Christian Edward Windsor) 115
원저, 해리(Henry Charles Albert David Windsor) 115
유억겸 82

유인석 192
유자명 135
유정량 201
유탁 238, 240
유홍 239
유흠 199
윤태훈 122
이강연 122
이강훈 133, 145
이건영 141
이건창 163, 165
이관식 122
이관직 122, 126
이광수 26, 30
이광좌 139
이교담 121
이교영 128
이규룡 136, 142, 145
이규면 142
이규봉 144, 147
이규상 144
이규서 135, 140, 144
이규숙(홍숙경) 131~132, 136
이규준 144, 148
이규창 131, 136, 140, 146

이규학 131~132, 144
이규홍 148
이규화 144
이규황 148
이규훈 142
이기붕 105
이기영 122
이도재 165
이동녕 119, 122, 124, 128, 134
이동휘 25
이만갑 54
이방실 239~240
이범석 45, 47
이상룡 124
이상설 119
이상재 82, 118~119
이석영 124, 142
이석증 134
이성계 232, 241
이성우 126
이승만 93, 96, 98~100, 105
이승훈 122
이시영 117, 128, 146
이원진 198~199
이유승 119, 139

이유원 124
이은숙 141
이을규 129
이인 80
이인임 244, 248
이정규 129
이종성 139
이종암 126
이종찬 145
이주하 48
이철영 144
이청천 25
이최승 181
이항복 139
이현숙(홍숙현) 131~132
이호영 148
인당 239
임견미 241, 248, 250
장덕수 42
장면 54
장유순 122
장재성 83
전우 75
정만조 165
정약용 221

정화암 132~133, 135
조만식 39
조병옥 36, 39
조봉암 105
조영래 74
조용순 103
조정구 128
주요한 36
지명관 37
지윤 247
최남선 26
최부개 239
최양 235
최웅 235
최원 238
최원유 241
최유 240
최익현 76
한규설 119
한봉인 126
함석헌 23, 63
허헌 80
허혁 126
헐버트, 호모(Homer Bezaleel Hulbert) 120

현순 128

화균실 130~134

황원 156

황희 85

히로부미, 이토(伊藤博文) 118

••
이 책 속의 책들

1. 장준하_근대 민족 국가를 향한 '야곱'의 길
《동아일보》,《사상계》,《중앙일보》,《조선일보》,《지방행정》

10주기추모문집간행위원회,《장준하문집》, 사상, 1985
20주기추모문집간행위원회,《광복50년과 장준하》, 추모사업회, 1995
국토건설동우회,《헐벗은 들판에서 한없이 울었다》, 조광, 2008
반병률,《1920년대 전반 만주·러시아지역 항일무장투쟁》, 경인문화사, 2009
서중석,《한국근현대의 민족 문제 연구》, 지식산업사, 1989
이경남,《설산 장덕수》, 동아일보, 1981
이지원,《한국근대문화사상사》, 혜안, 2007
정진석,《인물한국언론사》, 나남, 1995
조규하,《남북의 대화》, 고려원, 1987
추모문집간행위원회,《민족혼, 민주혼, 자유혼》, 나남, 1995
한국기독교역사연구소,《한국기독교의 역사 II》, 기독교문사, 1990

홍석률, 《통일문제와 정치사회적 갈등》, 서울대학교출판부, 2001

2. 김병로_대한민국 초대 대법원장, 법 정신을 바로 세우다
《경향신문》, 《동아일보》, 《조선일보》

김진배, 《가인 김병로》, 가인기념회, 1983
김학준, 《가인 김병로 평전》, 민음사, 2001
박원순, 《국가보안법연구 2》, 역사비평사, 1992
이균영, 《신간회연구》, 역사비평사, 1994
이영근·김충식·황호택, 《법에 사는 사람들》, 삼민사, 1984
조현연, 《한국 현대정치의 악몽-국가폭력》, 책세상, 2000
천주교인권위원회, 《사법살인-1975년 4월의 학살》, 학민사, 2001
최종고, 〈김병로와 김홍섭〉, 《이 땅의 이 사람들 2》, 뿌리깊은나무, 1980
한홍구, 〈판사님, 판사님, 길들여진 판사님…〉, 《대한민국史 3》, 한겨레신문사, 2005

3. 이회영_ '삼한갑족'의 후예, 아나키스트가 되다
박 환, 〈이회영과 그의 민족운동〉, 《국사관논총》7, 국사편찬위원회, 1989.
서중석, 《신흥무관학교와 망명자들》, 역사비평사, 2001.
윤명숙, 〈우당 이회영 선생〉, 《大韓英雄傳(I)》, 국가보훈처, 1995.
이관직, 《우당 이회영실기》, 을유문화사, 1985.
이덕일, 《아나키스트 이회영과 젊은 그들》, 웅진닷컴, 2001.
이은숙, 《가슴에 품은 뜻 하늘에 사무쳐: 이은숙 자서, 서간도 시종기》, 인물연구소, 1981.

이은숙,《민족운동가 아내의 수기》, 정음사, 1974.

이을규,《시야 김종진 선생전》, 한흥인쇄소, 1963.

이정규,《우관문존(又觀文存)》, 삼화인쇄 출판부, 1974.

이정규,《우당 이회영약전》, 을유문화사, 1985.

최영선,〈봉건을 깨친 '지배없는 세상'의 꿈〉,《발굴 한국현대사인물》2, 한겨레신문사, 1992

한상복,〈독립운동가 가문의 사회적 배경; 우당 이회영일가의 사례연구〉,《한국독립운동사연구》3, 독립기념관 한국독립운동사연구소, 1989.

4. 황현_망국에 대처하는 선비의 자세

〈매천집(梅泉集)〉,《(영인표점)한국문집총간》348, 민족문화추진회 편, 2005

황현 지음/김종익 옮김,《번역 오하기문: 황현이 쓴 동학농민전쟁의 역사》, 역사비평사, 1994

황현 지음/임형택 외 역주,《역주 매천야록》1~3, 문학과지성사, 2005

길은식,〈매천 황현의 개화인식 연구〉,《청람사학》3, 2000

김창수,〈매천 황현의 민족의식〉,《사학연구》33, 1981

_____,〈황현의《동비기략》초고에 대하여;《오하기문》을미 4월 이전 기사의 검토〉,《천관우 선생 환력기념 한국사학논총》, 1985

김항구,〈황현의 신학문 수용과 "호양학교" 설립〉,《문화사학》21, 2004

이장희,〈황현의 생애와 사상〉,《아세아연구》제21권 제2호, 1978

임형택,〈황매천의 비판지성과 사실적 시풍〉,《한국한문학연구》18, 1978

최신호,〈매천의 현실과 역사인식〉,《한국한문학연구》18, 1995

홍영기,〈한국의 역사가—황현〉,《한국사시민강좌》41, 2007

황수정, 〈매천시의 이해를 위한 전기 연구〉, 《고시가연구》 10, 2002

5. 유형원 _ 조정을 등지고 개혁을 구상한 사대부
柳馨遠, 《磻溪隧錄》

강만길 외 역, 《韓國의 實學思想》, 三省出版社, 1986.

안정복, 《磻溪先生年譜》

안재순 지음, 《조선후기 실학의 비조 유형원》, 성균관대학교 출판부, 2009

우윤, 〈IMF시대에 찾아보는 역사 속의 인물 5: 반계 유형원의 소신과 여유〉 《통일한국》 제175호, 1998.

이우성 해제, 《磻溪雜藁》, 여강문화사, 1990.

이정철, 〈반계유형원의 전제개혁론과 그 함의〉, 《역사와 현실》 74, 2009

정구복, 〈磻溪 柳馨遠〉, 《創作과批評》 10호, 1968.

최윤오, 《조선 후기 토지 소유권의 발달과 지주제》, 혜안, 2006

6. 최영 _ 황금 보기를 돌같이 한 구국의 장수, 백성의 존경을 한몸에 받다

강지언, 〈위화도회군과 그 추진세력에 대한 검토〉, 《이화사학연구》 20·21, 1993

_____, 〈고려 우왕대(1374~88년) 정치세력의 연구〉, 이화여대 박사학위논문, 1996

고혜령, 〈이인임 정권에 대한 일고찰〉, 《역사학보》 91, 1981

김순자, 〈고려말 대중국관계와 신흥유신의 사대론〉, 《역사와 현실》 15, 1995

김용덕, 〈철령위고〉, 《중앙대논문집》 6, 1961

박천식, 〈고려 우왕대의 정치세력의 성격과 그 추이〉, 《전북사학》 3, 1980

유창규, 〈고려말 최영세력의 형성과 요동공략〉,《역사학보》143, 1994

이형우, 〈고려 우왕대의 정치적 추이와 정치세력 연구〉, 고려대 박사학위논문, 1999

정두희, 〈고려말 신흥무신세력의 성장과 첨설직의 설치〉,《이재룡박사환력기념 한국사학논총》, 1990

홍영의, 〈고려말 신흥유신의 추이와 분기〉,《역사와 현실》15, 1995